Abenteuer-Spielstunden

Gerhard Schmidt

Abenteuer-
Spielstunden

200 NEUE SPIELSTATIONEN
FÜR LEHRER UND ANIMATEURE, SCHULE UND VEREIN

STEIGER VERLAG

CIP-Titelaufnahme der Deutschen Bibliothek
Schmidt, Gerhard:
Abenteuer-Spielstunden: 200 neue Spielstationen
für Lehrer und Animateure, Schule und Verein /
Gerhard Schmidt. – Innsbruck: Steiger, 1991
ISBN 3-85423-102-4

Alle Fotos und Zeichnungen vom Verfasser.
Titelbild: LUFTBALLONSTECHEN.

© 1991 by Steiger Verlag, A-6020 Innsbruck.

Printed in Austria

INHALT

Zum Geleit

Es ist ein Vorrecht unserer Jugend, daß sie ihr Leben auf relativ gesicherten Grundlagen gestalten kann. Durch viele gesellschaftliche Konventionen und soziale Errungenschaften abgestützt, finden die jungen Menschen heute ein »geregeltes Dasein« vor.

Aber Kinder und Jugendliche brauchen zu ihrer eigenen Entdeckung, zur Selbstfindung auch immer wieder Herausforderungen verschiedenster Art mit nicht oder nur schwer vorhersehbarem Ausgang. Mit einem Wort, sie suchen das Abenteuer.

Die Normsituation des Schullebens bietet dafür aber wenig Gelegenheiten, sieht man von besonderen Ereignissen, wie etwa Schulveranstaltungen ab.

Einen Weg, das Erlebnis des Abenteuers in Unterrichtssituationen des Gegenstandes Leibesübungen zu provozieren und zu ermöglichen, hat der weit über die Grenzen Europas bekannte Methodiker Prof. Dr. Gerhard Schmidt seit einigen Jahren erfolgreich beschritten. Die »Abenteuerspielstunde« wurde in zahlreichen internationalen Fachkongressen vorgestellt und begeistert angenommen!

So ist zu hoffen, daß mit der vorliegenden Sammlung von Beispielen viele Leibeserzieher Anregungen zur Gestaltung von besonders erlebnisbetonten Übungseinheiten erhalten.

Dem Autor und dem Verlag sei für die Schaffung dieser Möglichkeit gedankt.

Dr. Hermann Andrecs

Leiter der Abteilung Leibeserziehung und Schulsport
im Bundesministerium für Unterricht, Kunst und Sport, Wien

Einleitung

Der Titel »Abenteuer-Spielstunden« wurde gewählt, weil in den Lexika das Kennenlernen und Erleben von völlig Neuem, bisher Unbekanntem, sowie das Ausprobieren und Erforschen als Abenteuer bezeichnet wird. Es handelt sich um besondere, nicht alltägliche Erlebnisse, die mit einem gewissen Risiko verbunden sind. All das trifft für die Abenteuer-Spielstunden zu. Mittlerweile hat der Titel sogar schon Aufnahme in die »Neuen Lehrpläne« für Leibesübungen gefunden.

Inhaltlich geht es bei diesem Buch um das in den Lehrplänen geforderte »Spielen an und mit Geräten«.

Das Miteinander Spielen wird einfach durch Gruppenbildung erreicht, so z. B. Zweiergruppe, Dreiergruppe, Vierergruppe, Fünfergruppe.

Die Gruppen bekommen Bewegungsaufgaben gestellt, die nur gemeinsam bewältigt werden können.

Die Grundidee entstand bei der Beschäftigung mit der Frage nach den Möglichkeiten der Integration leistungsschwacher Schüler im Geräteturnen. Erste Veröffentlichungen trugen noch den Titel »Alternative Turnstunde«.

Eine der damals gefundenen Lösungen hat sich als derart ausbaufähig erwiesen, daß immer neue Spielformen entstanden und zur Bereicherung des herkömmlichen Turn- und Sportunterrichts beitrugen.

Der Stationsbetrieb als Organisationsform und die Bewegungsaufgabe als Inhalt wurden zu einer fruchtbaren Synthese verbunden.

Pro Spielstation wird eine interessante Bewegungsaufgabe gestellt, die gemeinsam zu lösen ist. Bewährt hat sich dabei aus Motivationsgründen eine »innere Differenzierungsmöglichkeit«

durch drei Schwierigkeitsgrade, die pro Station zur Auswahl stehen. So wird für die unterschiedlichen, zu bewältigenden Stufen eine Motivation je nach Anspruchsniveau gegeben. Die angebotene Bewertung durch Punkte ist dabei sekundär. Sie ist dann nicht nötig, wenn die Aufgabenstellung interessant genug ist. Die Selbsteinschätzung kann jedoch durch die Bewertung verbessert werden. Auch ist durch die Bewertungsmöglichkeit, wenn gewünscht, eine Durchführung in Wettkampfform gegeben.

Kriterien für die Auswahl der Bewegungsaufgaben waren Originalität, Bewegungsreichtum, Partnerschaft, Belastungsart, Belastungshöhe und der Sicherheitsaspekt.

Die Grundidee wurde im Rahmen der »Praktisch-Methodischen Übungen« am Institut für Sportwissenschaften der Universität Wien, aber auch bei Fortbildungsveranstaltungen für Turn- und Sportvereine mit verschiedenen Altersstufen – vom Mutter-Kind-Turnen bis hin zu den Senioren – mehrfach erprobt und variiert. Die allgemein akzeptierten und wirklich brauchbaren Spielstationen wurden von mir schriftlich und fotografisch festgehalten.

Erste Ergebnisse sind in dem Buch »300 Bewegungsspiele« in dem Kapitel »Abenteuer-Spielstunde« nachzulesen. Die dort angegebenen 65 Beispiele für Spielstationen sind unterdessen auf über 250 Beispiele angewachsen. 200 dieser neuen Beispiele befinden sich in diesem Buch. Es ist somit das kreativste unter allen meinen bisherigen Veröffentlichungen.

Hunderte von Lehrern, Animatoren und Übungsleitern haben bereits Erfahrungen mit Abenteuer-Spielstunden. Die Rückmeldungen über deren Akzeptanz waren durchwegs positiv bis begeistert. Die neuen, originellen Spielideen bewirkten aber auch eine Erweiterung des »Bewegungshorizontes«! Die vielfach eingeengte Sicht auf bloße Lernziele oder auf genormte Sportformen wird damit überwunden.

Die einfache Organisationsmöglichkeit mittels vorgefertigter Stationstafeln hat zur guten Aufnahme durch Lehrer, Übungsleiter und Animatoren ebenfalls wesentlich beigetragen. Das vorliegende Buch wurde daher so gestaltet, daß jede einzelne Spielstation gesondert jeweils auf einer Seite abgedruckt wurde. Der Benützer des Buches kann somit leicht die gewünschte Spielstation kopieren, vergrößern und im genormten A-4-Format als Stationtafel aufstellen (siehe Stationstafeln). Ein Einordnen in einen Büroordner ist damit ebenfalls leicht möglich.

Soviel zur Entstehung des Buches und zu organisatorischen Aspekten. Nun noch eine abschließende Bemerkung zu den Inhalten. Es ist keineswegs die Absicht des Autors, alle Turnstunden in Abenteuerspielstunden umzufunktionieren. Abenteuerspielstunden sind vielmehr für besondere Gelegenheiten gedacht, z. B.:

als »Belohnungsstunden« – letzte Stunde vor Weihnachten, Ostern, Schulschluß …

als Einführung in die vielfältigen Benützungsmöglichkeiten von Geräten (Sammeln von freudvollen Geräteerfahrungen);

als »Faschingsspielstunde« mit speziellen Kopfbedeckungen oder Verkleidungen …

als Spielangebot für alle (auch Eltern und Geschwister) an Tagen der offenen Tür;

als Angebot für alle bei Spielfesten (Spielfest in der Turnhalle).

Keineswegs sollen die Abenteuer-Spielstunden mit dem traditionellen, klassischen Turn- und Sportangebot konkurrieren; es geht vielmehr um eine echte Erweiterung des Bewegungsangebotes. Dieses Bewegungsangebot besteht übrigens in bester Anlehnung an die traditionelle »Österreichische Arbeitsweise« (natürliches Turnen) fast ausschließlich aus »natürlichen Bewegungsformen«.

GRUNDSÄTZLICHE ÜBERLEGUNGEN

Die Abenteuer-Spielstunde soll eine Alternative aufzeigen. Der Turn- und Sportunterricht droht heute in »genormten Bewegungsformen« (Sportformen) zu erstarren. Die Vielfalt menschlicher Bewegungsmöglichkeiten findet damit oft keine Entsprechung mehr im Unterrichtsangebot.

Mit folgenden Beispielen soll gezeigt werden, daß man mit bereits vorhandenen Mitteln und damit ohne großen Aufwand recht interessante und abwechslungsreiche Bewegungsaufgaben stellen kann.

Durch einfaches Regelwerk soll das Finden ganz persönlicher, origineller Lösungen der Aufgaben gefördert werden.

Die überraschende Aufgabenstellung und die ungewöhnliche Verwendung von bekannten Geräten sollen die Phantasie anregen.

Eine gute Organisation soll einen möglichst hohen Beschäftigungsgrad sicherstellen.

Die Vielseitigkeit in der Beanspruchung (Kraft, Geschicklichkeit, Gleichgewicht, Mut...) soll eine umfassende Wirkung gewährleisten.

Eine gegenseitige Hilfe bei den Stationen und eine gegenseitige Kontrolle bei eventuellen Wertungsdurchgängen soll den partnerschaftlichen Aspekt verwirklichen.

Dem offenen Bewegungskonzept entspricht das offene Organisationssystem.

ORGANISATION

Es gilt dabei folgende Punkte in der unten angegebenen Reihenfolge zu beachten:

1. Feststellen der örtlichen Möglichkeiten (Halle, Sportplatz, Wiese...).

2. Feststellen der vorhandenen Geräte (Einbaugeräte, transportable Großgeräte, Handgeräte, andere verwendbare Requisiten.

3. Festlegen der geplanten Grundstruktur: Zwei, drei, vier oder fünf spielen miteinander. Einer tritt gegen einen an, zwei kämpfen gegen zwei.

4. Ideensammlung durch alle Beteiligten (Spielleiter, Spieler).

5. Durchprobieren der ausgedachten Spielformen und Ausscheiden der unbrauchbaren Spielstationen (gefährlich, uninteressant, umständlich...).

6. Festlegen der endgültigen Spielstationen. Richtzahl: Für je zwei Teilnehmer bzw. für je zwei Gruppen soll mindestens eine Spielstation zur Verfügung stehen (zur Vermeidung unnötiger Wartezeiten). Es sollen möglichst unterschiedliche Anforderungen an die Teilnehmer gestellt werden (Kraft, Geschicklichkeit, Gleichgewicht...).

7. Festlegen der voraussichtlichen Übungsdauer pro Station und Abstimmen der Übungsdauer bei den verschiedenen Stationen aufeinander (Festsetzen von Versuchsanzahl bzw. Zeitangaben).

8. Punktewertung ausarbeiten (nur wenn beabsichtigt bzw. gewünscht). Bewährt hat sich die Erstellung eines möglichst einfachen Punktesystems (siehe Spielstationen). Pro Station können ein, zwei bzw. maximal drei Punkte erreicht werden. Bei vielen Spielstationen ist daher auch eine systematische Steigerung des Schwierigkeitsgrades der Aufgabe vorgesehen (innere Diffe-

renzierung). Da die Wertungsangaben (siehe Wertungsmodus) jederzeit austauschbar sind, können situationsgerechte Erfahrungswerte rasch eingefügt werden (offenes Organisationssystem).

STATIONS-TAFELN

Sie werden in Form eines »offenen Organisationssystems« hergestellt:

1. Klarsichthüllen mit Randlochung (Größe A4 und möglichst fest!) werden im linken oberen Teil mit einer gut lesbaren Nummer versehen. Besonders geeignet sind Klebenummern in Farbe (Größe 3–5 cm) oder eine Beschriftung mit wasserunlöslichen dicken Overheadstiften.

2. Stationsblätter, ebenfalls in Größe A4, werden in die Klarsichthüllen gesteckt. Als sehr praktisch hat sich eine Kennzeichnung der verschiedenen Strukturen durch Farbe bewährt, z.B.:

PARTNERSPIELSTATIONEN	– grüne Blätter
ZWEIKAMPFSTATIONEN	– blaue Blätter
DREIERGRUPPE	– weiße Blätter
VIERERGRUPPE	– violette Blätter
ZWEI GEGEN ZWEI	– rosa Blätter
FÜNFERGRUPPE	– orange Blätter

Jedes Stationsblatt beinhaltet die Bezeichnung der Spielstation (Kurztitel) und eine Beschreibung der Bewegungsaufgabe, die es zu lösen gilt. Dann erfolgen Angaben über verschiedene Schwierigkeitsgrade bei der Aufgabenstellung und über die Anzahl der erlaubten Versuche bzw. eine Zeitbegrenzung.

Unter diesem Text befindet sich eine Zeichnung, die zur

raschen Erfassung und Erläuterung der Situation beitragen soll (Schnellinformation).

Unterhalb der Zeichnung wird der Wertungsmodus angegeben. Er dient der Selbsteinschätzung oder für einen eventuellen Wettkampfdurchgang. Der Wertungsmodus läßt sich bei Bedarf leicht durch ein zusätzlich in die Klarsichthülle geschobenes Stück Papier abdecken oder ändern!

3. Karton, er wird zur Verbesserung der Stabilität (Aufstellen oder Aufhängen der Stationstafeln) hinter die Stationsblätter gesteckt.

Je nach Hallengröße, Ausstattung, Altersstufe, Übungsabsicht... kann damit die Organisation rasch und sinnvoll durchgeführt bzw. verändert werden.

Die gesammelten Klarsichthüllen mit den Stationstafeln werden in einem Büroordner (Schnellhefter) abgelegt und sind rasch wieder verfügbar.

DURCHFÜHRUNGSMÖGLICHKEITEN

1. Völlig freies Üben ohne Zeitbegrenzung – an allen Stationen. Der Wechsel erfolgt freiwillig und selbständig.

PROBLEM: besonders attraktive Stationen werden belagert;

ABHILFE: möglichst viele interessante Stationen aufbauen; mehr Stationen als Gruppen einrichten.

VORTEIL: absolute Freiheit bei der Auswahl (Motivation); – Möglichkeit der Veränderung von Stationen je nach Notwendigkeit auch während des Spielens.

2. Freies Üben mit Zeitbegrenzung an allen Stationen. Es muß z. B. nach 4 oder 5 Minuten gewechselt werden.

PROBLEM: ein »Ausspielen« bei den Stationen ist nicht möglich.

VORTEIL: jede Gruppe kann alle Stationen ausprobieren (keine Streitereien).

3. Wettbewerb. Günstig ist ein Probedurchgang zum Kennenlernen der Aufgaben (Zeitbegrenzung). Pro Station kann eine bestimmte Höchstpunktezahl erreicht werden. Die Anzahl der Versuche bzw. deren Zeitdauer ist genau festgelegt. Ein nettes Wettkampfblatt ausarbeiten (siehe Beispiel), eventuell »Streichresultate« mit einplanen. Zwei oder mehr Stationen dürfen in der Endabrechnung unberücksichtigt bleiben. Die Wahl der »Streichstationen« ist frei. Durch diese Maßnahme können die Schwächen mancher Gruppen gemildert werden, und deren Motivation wird gefördert. Zum Abschluß kann man eine kleine Siegerehrung einplanen.

VORTEIL: großer Einsatz der Wettkämpfer.

PROBLEM: durch die unterschiedlichen Anforderungen an den verschiedenen Spielstationen ist es schwierig, eine gerechte Punktewertung zu finden.

LÖSUNG: Streichresultate (siehe oben).

Der »Abenteuercharakter« kann durch verschiedene Maßnahmen unterstrichen werden:

◊ durch die Art der Stationsbezeichnung; z. B. Bergrettung, Fliegende Untertassen, Sklavenausbruch…

◊ durch die direkte Anrede bei der Aufgabenstellung; z. B. Ihr dürft, Ihr werdet, Ihr könnt, Ihr sollt…

◊ durch den Aufforderungscharakter der Formulierungen;

◊ durch Einfachheit und Klarheit der Bewegungsaufgaben.

Die Beispiele für die einzelnen Spielstationen sind innerhalb der jeweiligen Strukturgruppe alphabetisch geordnet. Je nach Ausstattung der Übungsstätte kann aus dieser Übersichtsliste ausgewählt werden. Die Auswahl soll nach den schon in der Einleitung genannten Gesichtspunkten der Vielseitigkeit in der Beanspruchung und der Abwechslung in den Anforderungen erfolgen.

Es ist für alle Spielstationen charakteristisch, daß sie körperlich vor allem eine Herausforderung an die allgemeine Geschicklichkeit und die Koordinationsfähigkeit darstellen. Geistig wird vor allem das Problemlösungsverhalten und das »Fertigwerden« mit überraschenden Situationen geübt. Durch das strukturell bedingte »Miteinander« werden die Kooperation und das Zusammenspielen verstärkt.

Die zur Lösung der Aufgaben notwendigen motorischen Grund- und Komplexeigenschaften sowie die psychischen Bewegungsvoraussetzungen werden ebenfalls in der Übersichtsliste aufgeschlüsselt. Daneben stehen in einer weiteren Spalte Angaben zum benötigten Spielmaterial.

*

DURCHFÜHRUNG

Um den organisatorischen Aufwand möglichst gering zu halten, ist folgendes sinnvoll:

1. Die situationsgerecht ausgewählten Stationstafeln sollten vorher an der entsprechenden Stelle der Übungsstätte plaziert werden.

2. Pro Spielstation soll(en) sich eine (oder zwei) Spielgruppe(n) zur Tafel setzen. Die Gruppen können nach dem Durchlesen (bzw. der Erläuterung) ihre Station aufbauen.

3. Ein Übersichtsplan (Skizze) sollte an der Wand angebracht werden. Er kann auch mittels Overheadprojektor an die Wand projiziert werden.

4. Wenn die Abenteuer-Spielstunde im Rahmen des Turnunterrichts durchgeführt wird, ist eine Absprache der Kollegen untereinander vorteilhaft. So können die Stationen z. B. den ganzen Vormittag stehenbleiben und von mehreren Klassen hintereinander benützt werden. Eine Anpassung der Schwierigkeit an die jeweilige Altersstufe ist durch Austausch der Wertungen, durch Änderung von Markierungen (Höhen, Weiten) usw. rasch und problemlos durchführbar.

5. Die Tatsache, daß zwei Spielgruppen pro Station beschäftigt werden können, eine als Spieler, die andere als Helfer, Beobachter oder Kampfrichter, gewährleistet eine Übungsintensität von 50 %.

---➤

Wertungsblatt – Beispiel

ABENTEUER-ZWEIKÄMPFE

Stürzt Euch hinein ins große Abenteuer!

Beim Affenfangen, Astronautenduell, Kunstreiten, Häuptlingsduell, Sockelziehen oder bei der tollen Verfolgungsjagd und bei vielen interessanten Aufgaben könnt Ihr Eure Einsatzfreude, Eure Geschicklichkeit und Euer Durchhaltevermögen unter Beweis stellen.

Wählt immer die Station aus, die gerade unbesetzt ist, so gibt es die wenigsten Wartezeiten.

Lest die Stationsbeschreibungen aufmerksam durch. Pro Aufgabe könnt Ihr maximal zwei Punkte erreichen. Nach jedem Zweikampf sollt Ihr die erzielten Punkte in die entsprechende Zeile eintragen, am Schluß zusammenrechnen und von einem anderen Paar überprüfen lassen!

Denkt daran – Grundprinzip aller Anstrengungen soll sein: »Fair Play«!

Jeder weiß selbst am besten, daß ein erschwindelter Erfolg keine Freude macht. Wichtig ist auch das Durchhalten. Es kann eben nur einer gewinnen, aber es kommen immer wieder neue, überraschende Chancen!

Nun noch viel Spaß, Erfolg und gutes Gelingen!

Nr.	Stationsbezeichnung	Wettkämpfer	
		A	B
1			
2			
3			
4			
5			
6			
7			
8			
9			
10			
11			
12			
13			
14			
15			
16			
17			
18			
19			
20			
	Gesamt		

PARTNER-SPIELSTATIONEN

Spezifische Überlegungen

Wenn man die »Abenteuer-Spielstunde« in Form von »Partner-Spielstationen« organisiert, ergeben sich spezifische Probleme, aber auch spezielle Vorteile.

Die Förderung der Motorik steht hier ebenso wie bei möglichen »Einzelspielstationen« außer Frage (siehe auch das Buch: »300 Bewegungsspiele«).

Große Möglichkeiten entstehen durch die strukturelle Notwendigkeit zu kooperativem Verhalten, zum Eingehen auf den Partner und zur Rücksichtnahme auf ihn! Es werden aber auch Qualitäten wie Apassungsfähigkeit, Abschätzen von Möglichkeiten und Bewegungsphantasie bei den gemeinsamen Lösungsversuchen auf natürliche Weise gefördert! Schwächen des einen Partners können durch Stärken oder durch Einfälle des anderen ausgeglichen werden.

Probleme können sich aus der Art der Partnerfindung oder Partnereinteilung ergeben.

Verschiedene Möglichkeiten bieten sich an:

a) Man kann die Spieler ihren Partner frei wählen lassen. Meist finden sich dann Freunde oder leistungsstarke bzw. leistungsschwache Partner, was eine wettkampfmäßige Abwicklung wegen der ungleichen Voraussetzungen eigentlich ausschließt. Ein freies, ungebundenes Probieren der angebotenen Spielstationen bleibt aber auch in diesem Fall als sinnvolle Alternative.

b) Ein Auslosen der Paarungen kann spannend und interessant sein, doch kann es durch den Zufall ebenfalls zu Benachteiligungen kommen.

c) Eine gute Lösung (sie setzt voraus, daß man die einzelnen Spieler bereits gut kennt) ist ein »Zulosen« von Leistungsstarken zu Leistungsschwächeren. Dabei kommen die oben angegebenen sozialen Verhaltensweisen voll zum Tragen. Einem spannenden Wettkampf steht ebenfalls nichts mehr im Wege!

Ein Vorteil der »Partner-Spielstation« ist auch der geringere Aufwand für den Auf- und Abbau der benötigten Geräte, weil man mit weniger Stationen mehr Leute gleichzeitig beschäftigen kann!

Es ist günstig, jeweils zwei Paare pro Station einzuteilen. Ein Paar probiert, übt, kämpft, das andere sieht zu, gibt Anregungen, hilft, feuert an oder fungiert gleich als Kampfrichter.

*

Partner-Spielstationen

ÜBERSICHT DER SPIELE

Nr.	Stationsbezeichnung	Beanspruchung	Material
1	Ballübergabe	Kraft, Geschicklichkeit	Schaukelringe, Kastenrahmen, Bälle
2	Ballverladen	Bewegungsgefühl	Schaukelringe, Kastenrahmen, Bälle
3	Bankschaukel	Gleichgewicht	2 Turnbänke/Reck, Matten
4	Bankstockball	Gleichgewicht	Turnbank, Sprungkasten, Basketball, Gymnastikball, Tennisball, Turnstäbe
5	Bergrettung	Kraft	Gitterleiter (Turnleiter, Sprossenwand), Turnmatten
6	Blindball	Bewegungsgefühl	Basketballanlage, Ball, Augenbinde
7	Blindenhund	Bewegungsgefühl	Augenbinde, Sprungseile, Keulen
8	Blindenslalom	Bewegungsgefühl	Keulen, Augenbinde
9	Doppelarmkorbwurf	Koordination	Basketballanlage, Basketball, Sprungseil

10	Doppelbeinkegeln	Bewegungsgefühl	Keulen, Ball, Mannschaftsschleifen
11	Doppelkriechtier	Kraft	3 Turnmatten
12	Doppelreck-Platztauschen	Geschicklichkeit, Kraft	Doppelreck, Turnmatten
13	Doppelseiltanzen	Gleichgewicht	Turnbank
14	Fliegende Untertassen	Wurfgenauigkeit	Frisbee, Sprungkastenrahmen
15	Flußüberquerung	Kraft, Gewandtheit	Schaukelringe, 2 Sprungkästen, Turnmatten
16	Fußballtennis	Geschicklichkeit, Kraft,	Turnbank, Fußball
17	Gerätkontakte	Bewegungsphantasie	Reck, Weichboden
18	Handtuchball	Bewegungsgefühl	Handtuch, Ball, Basketballanlage
19	Indiacapassen	Bewegungsgenauigkeit	Indiaca, 2 Turnmatten
20	Kaminklettern	Bewegungsgefühl	Gitterleitern, Ball
21	Kappentausch	Bewegungsgenauigkeit	Klettertaue, Kappen, Turnbänke
22	Katapult	Geschicklichkeit	2 Turnbänke, Gymnastikball
23	Keulenbalancieren	Gleichgewicht	Gymnastikkeulen, Tennisball, Turnstab
24	Köpfeln	Bewegungsgenauigkeit	2 Turnmatten, Volleyball
25	Kreuzklettern	Kraft, Gewandtheit	Barren, Turnmatten

26	Kriech-Kopf-Ball-transport	Kraft, Gewandtheit	Gitterleiter, Turn-bank, Medizinball
27	Maschinenfangball	Bewegungsgenauigkeit	Ballwurfmaschine, Sack
28	Netzballfangen	Schnelligkeit	Volleyballnetz, Volleyball
29	Papierkorbfrisbee	Bewegungsgefühl	Frisbee, Papierkorb, Turnbank
30	Partner-Hochspringen	Bewegungsphantasie, Kraft	2 Sprungständer, Zauberschnur (Hochsprunglatte), Weichboden
31	Partner-Schnur-springen	Bewegungsgefühl	Sprungseil
32	Rikscharennen	Geschicklichkeit	Sprungkasten-rahmen, Turnbank
33	Rollbankgehen	Gleichgewicht, Geschicklichkeit	Turnbank, 4 Turn-stäbe, Medizinball
34	Rollbrettslalom	Bewegungsgefühl	Rollbrett, Gymnastikkeulen
35	Rückenfangen	Bewegungsgenauigkeit	Volleyball
36	Rückenkriechen	Kraft	Sprossenwand (Turnleiter, Gitter-leiter), Turnbank, Turnmatte
37	Schachtschlüpfen	Gewandtheit, Schnelligkeit	2 Turnbänke, Stoppuhr
38	Schaukelpflücken	Kraft, Gewandtheit	Schaukelringe, 2 Sprungständer, Beschwerungs-beutel, Turnmatten

39	Schleifenübergabe	Bewegungsgefühl	Schaukelringe, 2 Sprungkästen, Mannschaftsschleife, Turnmatten
40	Schubkarrenslalom	Kraft, Wendigkeit	Ball, Gymnastikkeulen
41	Seilstandwurf	Gleichgewicht, Bewegungsgefühl	Sprossenwandfelder geschwenkt, Seile, Reifen, Ständer, Indiaca,
42	Siamesische Zwillinge	Gleichgewicht, Bewegungsgefühl	Sprossenwandfeld geschwenkt, Gymnastikball, 4 Turnbänke
43	Sklavenausbruch	Geschicklichkeit	Sprossenwandfeld geschwenkt, Turnmatten, Sprungseile
44	Sprungseilziehball	Bewegungsgefühl, Bewegungsphantasie	Sprungseil, Turnmatte, Tennisball, Gymnastikball, Medizinball
45	Stangenball	Kraft, Bewegungsgefühl,	Kletterstangen, Ball
46	Tauball	Bewegungsgenauigkeit, Kraft	Klettertau, 2 Turnbänke, Ball
47	Turnstab-Ballfangen	Bewegungsgenauigkeit, Koordination	Hochreck, 2 Turnstäbe, Ball
48	Überfuhr	Bewegungsgefühl	Sprungbrett, Rollbrett (Turnstäbe), Sprungseile (Ziehtau), Handgeräte
49	Verknoten	Bewegungsphantasie	Matte, Sprungseil
50	Zielblasen	Bewegungsgenauigkeit, Vitalkapazität	Tischtennisball, (Tennissoftball), Bodenausnehmung

Ballübergabe

Jeder von Euch hängt mit beiden Händen an einem Schaukelring. Ihr sollt drei Bälle, die in einem Sprungkastenrahmen neben einem von Euch liegen, in einen zweiten Kastenrahmen, der auf der anderen Seite liegt, hinüberbefördern.

Dazu dürft Ihr nur Eure Beine benützen. Fällt ein Ball zu Boden, dann ist der Transport ungültig.

Ihr habt für alle drei Bälle je drei Versuche.

WERTUNG	**PUNKTE**
1 gelungener Transport	**1**
2 aufeinanderfolgende Transporte	**2**
3 aufeinanderfolgende Transporte	**3**

Ballverladen

Einer von Euch steht in den Schaukelringen und schaukelt hin und her. Der andere hält ihm einen Ball so hin, daß er ihn am Ende des Vorschaukelns zwischen den Beinen einklemmen kann. Am Ende des Rückschaukelns soll er den Ball in einen Sprungkastenrahmen so hineinfallen lassen, daß der Ball im Rahmen liegen bleibt.

Ihr habt zehn Versuche. Wenn ein Ball zu Boden fällt, ist der Versuch ungültig.

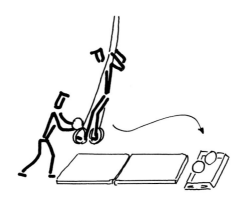

WERTUNG	PUNKTE
2 Bälle im Rahmen	**1**
4 Bälle im Rahmen	**2**
6 Bälle im Rahmen	**3**

Bankschaukel

Auf einer umgedrehten Turnbank (Schmalseite oben) liegt eine zweite, ebenfalls umgedrehte Turnbank, in rechtem Winkel.

Jeder von Euch stellt sich an ein Bankende der oberen Bank. Ihr müßt versuchen, auf dieser »Bankschaukel« in verschiedenen Stellungen (liegend, sitzend, stehend) jeweils zehn Sekunden lang das Gleichgewicht so zu halten, daß kein Bankende den Boden berührt.

Für jede Stellung habt Ihr drei Versuche.

WERTUNG	PUNKTE
Bauchlage	1
Sitz	2
Stehen	3

28

Bankstockball

Ihr müßt mit Hilfe zweier Turnstäbe Bälle über die Schmalseite einer schräg gestellten Turnbank befördern, ohne daß die Bälle auf den Boden fallen und ohne sie mit den Händen zu berühren. Ihr selbst müßt dabei auch auf der Schmalseite der Bank gehen und dürft nicht heruntersteigen.

Pro Ballart habt Ihr drei Versuche.

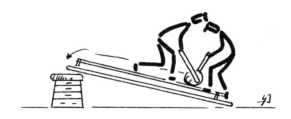

WERTUNG	PUNKTE
Basketball	1
Gymnastikball	2
Tennisball	3

Bergrettung

Dein Kamerad hat sich verletzt und kann nicht mehr gehen. Ihr müßt aber noch eine Steilwand bewältigen. Er greift mit einem Arm über Deine rechte (linke) Schulter und faßt mit dem anderen Arm unter Deiner linken (rechten) Achselhöhle durch an sein Handgelenk. So an Dir hängend, transportierst Du ihn an der Gitterleiter (Turnleiter, Sprossenwand) so weit hinauf und wieder hinunter, wie Du es schaffst.

Es zählt die erreichte Fußhöhe des »Retters«.

Ihr dürft es dreimal versuchen.

WERTUNG	PUNKTE
Fußhöhe 1 m	1
Fußhöhe 1,5 m	2
Fußhöhe 2 m	3

Blindball

Dein Freund ist blind, möchte aber gerne auch einmal den Ball in einen Basketballkorb hineintreffen. Anhand Deiner genauen Anweisungen könnte ihm dies gelingen.

Er darf 15 Mal werfen.

WERTUNG	PUNKTE
Bretttreffer	1
Ringtreffer	2
Korbtreffer	3

Blindenhund

Einem von Euch werden die Augen verbunden. An seinen beiden Knöcheln wird ein Sprungseil befestigt. Der zweite hält die Sprungseilenden in seinen Händen. Er ist der Blindenhund und soll den blinden Partner nur mittels Zug an den Seilenden durch einen vorher aufgebauten Keulenparcours so hindurchlotsen, daß dabei keine Keule umgeworfen wird.

Es darf kein Wort gesprochen werden. Ihr habt drei Versuche.

WERTUNG	PUNKTE
4 Keulen fallen	**1**
2 Keulen fallen	**2**
keine Keule fällt	**3**

Abb. rechts: BALLVERLADEN. Wird der Balltransport gelingen oder nicht?

Blindenslalom

Einer von Euch hat die Augen verbunden. Er stellt sich am Beginn eines durch Kegel markierten »Slalomkurses« auf.

Der andere muß versuchen, ihn durch Zurufe geschickt durchzulotsen. Wenn ein Kegel umfällt, müßt Ihr von vorne beginnen.

Jeder von Euch hat drei Versuche.

WERTUNG	PUNKTE
1–2 Mal fehlerfrei	**1**
3–4 Mal fehlerfrei	**2**
5–6 Mal fehlerfrei	**3**

Abb. links: HANGEL-STABTRANSPORT. Nur nicht auslassen, weder oben noch unten, ist hier die Devise.

Doppelarmkorbwurf

Ihr steht nebeneinander und werdet an den inneren Unterarmen mit einem Sprungseil zusammengebunden. Aus dieser Stellung sollt Ihr versuchen, mit einem Basketball aus Freiwurfdistanz einen Korb zu erzielen.

Ihr habt zehn Wurfversuche.

WERTUNG	PUNKTE
Bretttreffer	1
Ringtreffer	2
Korbtreffer	3

Doppel-Beinkegeln

Ihr steht nebeneinander und habt die inneren Beine zusammengebunden.

Mit diesem »Doppelbein« sollt Ihr versuchen, drei Kegel mit einem Ball, der vor Euch liegt, zu treffen.

Ihr dürft es fünfmal versuchen.

WERTUNG	PUNKTE
1 Kegeltreffer	**1**
2 Kegeltreffer	**2**
3 Kegeltreffer	**3**

Doppelkriechtier

Einer von Euch legt sich auf den Rücken. Der andere kniet sich in Bankstellung über ihn, mit dem Kopf in die Gegenrichtung. Der untere umklammert nun mit seinen Beinen den oberen am Rücken. Dann umfaßt er das Gesäß des oberen mit beiden Händen hinter dessen Beinen. Nun hebt sich der obere vom Kniestand aus auf allen vieren in die Höhe. In dieser Stellung versucht er, den an ihm festgeklammerten Partner auf einer Mattenbahn zu transportieren. Dabei darf der untere die Matten nicht berühren.

Ihr habt fünf Versuche.

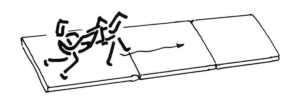

WERTUNG	**PUNKTE**
1 Mattenlänge gelingt	**1**
2 Mattenlängen gelingen	**2**
3 Mattenlängen gelingen	**3**

Doppelreck-Platztauschen

Zwischen zwei Recksäulen werden zwei Reckstangen in ungefähr einem Meter Abstand voneinander montiert, darunter liegen Matten. Jeder von Euch steht auf der unteren Reckstange an einer Recksäule und hält sich an der oberen Stange fest.

Ihr sollt nun ohne Bodenberührung auf verschiedene Art und Weise Platz tauschen:
1. Ihr dürft nur eine Hand und beide Füße benützen.
2. Ihr dürft nur eine Hand und einen Fuß benützen.
3. Ihr dürft nur beide Hände benützen.

In jeder Stellung habt Ihr drei Versuche.

WERTUNG	**PUNKTE**
eine Hand, zwei Füße	**1**
eine Hand, ein Fuß	**2**
zwei Hände	**3**

Doppel-Seiltanzen

Ihr steht einander gegenüber auf der Schmalseite einer umgedrehten Turnbank. Ohne vom »Seil« (der Turnbank) zu fallen, müßt Ihr versuchen, an das andere Bankende zu gelangen.

Es gibt drei Schwierigkeitsgrade:

a) Ein Partner kniet sich nieder (Bankstellung), der andere übersteigt ihn.

b) Ein Partner stellt sich in weiter Grätschstellung in die Mitte, der andere kriecht – sich seitlich windend – durch dessen Beine.

c) Ihr geht aufeinander zu, umfaßt einander und tauscht Platz.

Ihr dürft jeden Schwierigkeitsgrad dreimal versuchen.

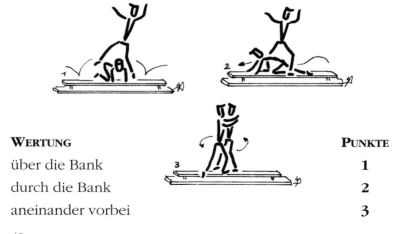

WERTUNG	**PUNKTE**
über die Bank	1
durch die Bank	2
aneinander vorbei	3

Fliegende Untertassen

Ihr steht einander in sechs bis acht Metern Entfernung gegenüber. Zwischen Euch beiden stehen zwei hochkant gestellte Sprungkastenrahmen. Ihr sollt eine Frisbeescheibe durch die zwei Kastenrahmen so zuwerfen und wieder fangen, daß kein Rahmenteil von der Scheibe berührt wird.

Ihr habt zehn Versuche (ein Versuch heißt einmal hin- und herspielen).

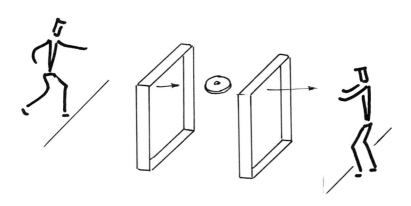

WERTUNG	**PUNKTE**
einmal hin und her	1
zweimal hin und her	2
dreimal hin und her	3

Flußüberquerung

Ihr sitzt am Flußufer (Sprungkasten), zwei Lianen (Schaukelringe) in der Hand.

Ohne vom »Krokodil« geschnappt zu werden (= ohne Mattenberührung), sollt Ihr von einem Ufer zum anderen (zweiter Sprungkasten) gelangen. Natürlich sollt Ihr einander dabei helfen.

Ihr dürft es dreimal versuchen.

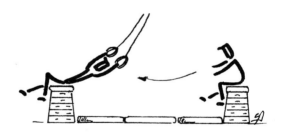

WERTUNG	PUNKTE
1 x (beide) geschafft	**1**
2 x (beide) geschafft	**2**
3 x (beide) geschafft	**3**

42

Fußballtennis

Ihr steht einander gegenüber. Zwischen Euch befindet sich eine Turnbank. Ihr sollt mit den Füßen einen Fußball (Volleyball) so über die Turnbank hin- und herspielen, daß dieser immer nur einmal auf Eurer Seite den Boden berührt und dann sofort wieder mit dem Fuß zum Partner zurückgespielt wird.

Ihr dürft zehnmal mit dem Spiel beginnen.

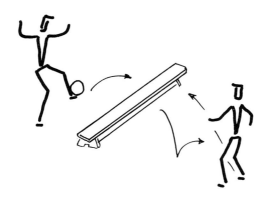

WERTUNG	PUNKTE
4 gültige Ballkontakte	1
6 gültige Ballkontakte	2
8 gültige Ballkontakte	3

Gerätkontakte

Ihr steht vor einem Hochreck, unter dem ein Weichboden liegt. Ihr sollt Euch gemeinsam so an die Reckstange hängen, daß Ihr einerseits untereinander Körperkontakt haltet, aber mit möglichst wenig Körperteilen die Reckstange berührt. Diese Stellung müßt Ihr mindestens drei Sekunden lang beibehalten.

Ihr habt insgesamt zehn Versuche.

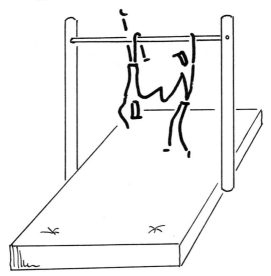

WERTUNG	PUNKTE
zwei Beine, eine Hand	1
zwei Hände, ein Bein	2
eine Hand, ein Bein	3

Handtuchball

Ihr steht vor einem Basketballkorb mit den Füßen an der Freiwurflinie. Zwischen Euch habt Ihr ein Handtuch gespannt (jeder hält zwei Zipfel), auf dem ein Ball liegt.

Durch geschicktes Bewegen des Handtuchs sollt Ihr den Ball in den Korb befördern!

Ihr dürft es 15 Mal probieren.

WERTUNG	PUNKTE
Bretttreffer	1
Ringtreffer	2
Korbtreffer	3

Indiacapassen

Jeder von Euch steht auf einer Turnmatte. Die Matten liegen der Länge nach in ca. einem Meter Abstand voneinander.

Ihr sollt eine Indiaca mit der flachen Hand möglichst oft
hin- und herspielen, ohne daß sie zu Boden fällt. Dabei
darf keiner von Euch seine Matte verlassen.

Ihr dürft es fünfmal versuchen.

WERTUNG	PUNKTE
6 Kontakte	**1**
12 Kontakte	**2**
18 Kontakte	**3**

Kaminklettern

Ihr sollt beim Aufstieg zwischen zwei Gitterleiterfeldern (= Kamin) einen Ball auf verschiedene Art und Weise so hinauftransportieren, daß er nicht zu Boden fällt. Wenn die oberste Sprosse mit den Händen berührt wird, ist der Bewerb zu Ende.

1. Rücken an Rücken klettern – den Ball im Nacken.

2. Brust zu Brust klettern – den Ball in Brusthöhe einge-klemmt.

3. Stirn gegen Stirn klettern – den Ball zwischen den Köpfen eingeklemmt.

Ihr dürft jede Art dreimal versuchen.

WERTUNG	PUNKTE
Nackentransport	1
Brusttransport	2
Stirntransport	3

Kappentausch

Jeder von Euch steht auf einer Turnbank, hält ein Klettertau in der Hand und hat eine Kappe auf dem Kopf. Ihr
schwingt mit den Tauen aneinander vorbei und sollt
während des Schwingens Eure Kappen tauschen. Die
Kappen dürfen dabei nicht zu Boden fallen. Die gegen-
überliegende Turnbank muß erreicht werden, ohne abzusteigen.

Ihr habt zehn Versuche.

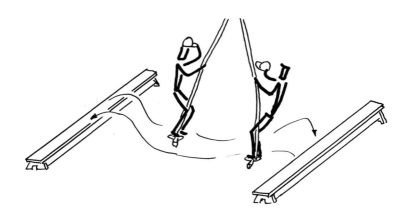

WERTUNG	PUNKTE
Kappentausch gelingt einmal	**1**
Kappentausch gelingt zweimal	**2**
Kappentausch gelingt dreimal	**3**

Katapult

Zwei quer übereinandergelegte Turnbänke bilden ein Katapult. Einer von Euch betätigt das Katapult mit beiden Händen, der andere hält einen Gymnastikball und läßt ihn auf sein Bankende fallen.

Der »Katapultierende« muß versuchen, den abprallenden Ball direkt aus der Luft zu fangen.

Ihr habt sechs Versuche.

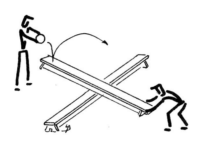

WERTUNG	PUNKTE
der Ball überquert bloß die Querbank	1
der Ball wird gefangen, nachdem er einmal den Boden berührt hat.	2
der Ball wird direkt aus der Luft gefangen	3

Keulenbalancieren

Ihr steht einander gegenüber. Einer von Euch hat eine Gymnastikkeule in der Hand. Er muß einmal um seinen Partner herumgehen und dabei jeweils einen anderen Gegenstand auf der verkehrt gehaltenen Keule balancieren.

1. einen Tennisball

2. eine Gymnastikkeule

3. einen Turnstab

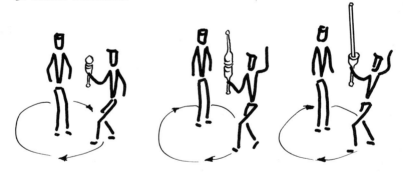

WERTUNG	PUNKTE
beide schaffen den Tennisball	**1**
beide schaffen die Gymnastikkeule	**2**
einer schafft den Turnstab	**3**

Abb. rechts: BALLÜBERGABE - eine ungewohnte Situation, die aber geschickt gemeistert wird.

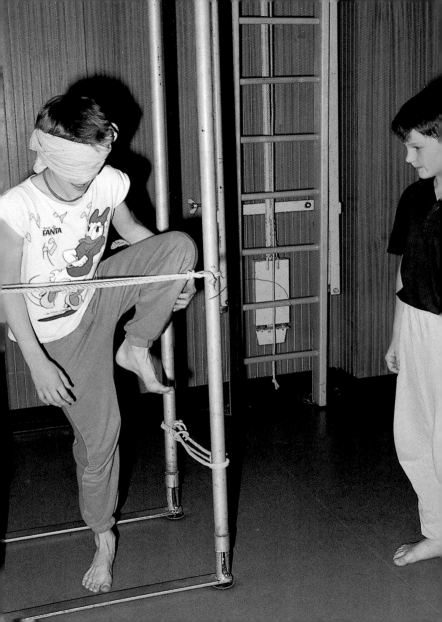

Köpfeln

Jeder von Euch steht auf einer Turnmatte. Die Matten liegen der Länge nach in ca. einem Meter Abstand voneinander.

Ihr sollt einen Volleyball mit dem Kopf möglichst oft hin- und herspielen, ohne daß er zu Boden fällt. Dabei darf keiner von Euch seine Matte verlassen.

Ihr dürft es fünfmal versuchen.

WERTUNG	PUNKTE
3 Kontakte	**1**
6 Kontakte	**2**
12 Kontakte	**3**

Abb. links: BLINDENSLALOM. Der Sehende leitet den Blinden durch gezielte Anweisungen. Ein Beispiel für gute Zusammenarbeit.

Kreuzklettern

Jeder von Euch beginnt an einem Ende des Barrens. Die Barrenholme sind »über Kreuz« gestellt.

Ihr müßt versuchen, das andere Ende des Barrens zu erreichen, ohne dabei den Boden zu berühren.

Ihr habt drei Versuche.

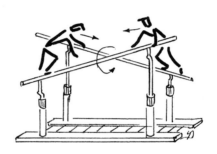

WERTUNG	PUNKTE
aneinander vorbeikommen	1
aneinander vorbeikommen, einer umklettert den Barren in der Mitte und auch seitwärts	2
aneinander vorbeikommen, beide schaffen es, den Barren in der Mitte auch seitwärts zu umklettern	3

Kriech-Kopf-Balltransport

Eine Turnbank ist an der Gitterleiter auf der ersten (zweiten, dritten) Sprosse schräg eingehängt.

Ihr sollt einen Medizinball so vom Bankende aus zur Gitterleiter hin transportieren, daß er zwischen Euren Köpfen eingeklemmt ist. Einer kriecht dabei auf allen vieren vorwärts, der andere rückwärts.

Die Aufgabe gilt dann als gelöst, wenn der Ball vom Bankende hinter der Gitterleiter zu Boden fällt. Er darf nur mit den Köpfen berührt werden.

Ihr dürft es auf jeder Höhe (Sprosse) zweimal versuchen.

WERTUNG	PUNKTE
erste Sprosse	1
zweite Sprosse	2
dritte Sprosse	3

Maschinenfangball

Aus einer Tennisball-Wurfmaschine kommen Tennisbälle in Eure Richtung geflogen.

Ihr müßt mit einem Säckchen, das Ihr gemeinsam haltet, versuchen, die Bälle zu fangen. Eine vorgegebene Fanglinie darf dabei nicht übertreten werden.

Es kommen genau sechs Bälle geflogen.

WERTUNG	**PUNKTE**
1 – 2 Bälle gefangen	**1**
3 – 4 Bälle gefangen	**2**
5 – 6 Bälle gefangen	**3**

Netzballfangen

Ihr steht beide nebeneinander, ca. fünf Meter von einem Volleyballnetz entfernt. Einer von Euch wirft einen Volleyball in das Netz, und der andere muß versuchen, den Ball zu fangen, ehe dieser den Boden berührt. Der »Fänger« darf im Augenblick des Abwurfes weglaufen.

Ihr habt sechs Versuche.

WERTUNG	PUNKTE
1 – 2 x fangen	1
3 – 4 x fangen	2
5 – 6 x fangen	3

Papierkorbfrisbee

Einer von Euch steht hinter einer Turnbank und hält einen Papierkorb in beiden Händen. Der zweite steht gegenüber, hinter einer markierten Linie. Er wirft ein Frisbee seinem Partner zu. Dieser hat die Aufgabe, die Frisbeescheibe mit dem Papierkorb zu fangen.

Ihr dürft es sechsmal versuchen.

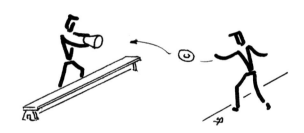

WERTUNG	**PUNKTE**
1 – 2 Treffer	**1**
3 – 4 Treffer	**2**
5 – 6 Treffer	**3**

Partner-Hochspringen

Jeder von Euch soll versuchen, mit Hilfe seines Partners möglichst hoch über eine Zauberschnur (Latte) in einen Weichboden zu springen. Die Schnur (Latte) darf dabei nicht berührt werden.

Jeder hat drei Versuche. Die beiden größten Höhen werden addiert.

WERTUNG	PUNKTE
Gesamthöhe 2 m	**1**
Gesamthöhe 2,5 m	**2**
Gesamthöhe 3 m	**3**

Partner-Schnurspringen

Ihr steht nebeneinander, die inneren Arme eingehakt, die äußeren Hände erfassen je ein Sprungseilende.

Versucht nun Eure Sprungkünste.

Zunächst sollt Ihr das Seil vorwärts durchschwingen und möglichst oft überspringen, dann dasselbe rückwärts. Vielleicht schafft Ihr es sogar, daß einer von Euch eine halbe Drehung macht und mit dem Gesicht in die Gegenrichtung blickt.

Ihr dürft jede Art dreimal versuchen.

WERTUNG	**PUNKTE**
6 x vorwärtsspringen	**1**
6 x rückwärtsspringen	**2**
6 x gegengleichspringen	**3**

60

Rikscharennen

Einer von Euch befindet sich im Liegestütz rücklings auf einem fahrbaren Sprungkastenrahmen (unterster Rahmenteil). Der andere fährt mit ihm möglichst schnell um eine Turnbank herum. Wie viele volle Runden schafft er in einer Minute? Dann erfolgt Rollentausch. Die bewältigten Runden werden addiert.

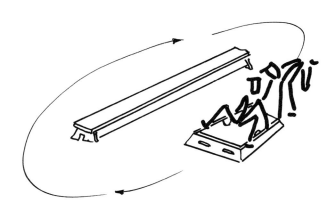

WERTUNG	PUNKTE
4 Runden	**1**
6 Runden	**2**
8 Runden	**3**

Rollbankgehen

Eine Turnbank liegt verkehrt auf vier Turnstäben. Ihr sollt beide die Bankschmalseite überqueren, ohne daß einer von Euch heruntersteigen muß. Bei der Überquerung müßt Ihr mit dem Körper (ohne Gebrauch der Hände) einen Medizinball zwischen Euch transportieren.

Es gibt drei verschiedene Schwierigkeitsgrade.

Vorsicht beim »Absteigen«!

Pro Fortbewegungsart habt Ihr zwei Versuche.

WERTUNG	**PUNKTE**
Rücken zueinander	**1**
Gesicht zueinander	**2**
beide seitwärts gehend	**3**

62

Rollbrettslalom

Ihr kniet zu zweit hintereinander auf einem Rollbrett. Nur mit Hilfe der Hände sollt Ihr einen aus Keulen gebildeten Slalom durchfahren, ohne dabei eine Keule umzuwerfen. Wenn eine Keule umfällt, müßt Ihr sie wieder aufstellen, und der Durchgang ist ungültig.

Wie viele einwandfreie Durchgänge schafft Ihr in zwei Minuten?

Ein Durchgang bedeutet dabei hin und wieder zurück zur Ausgangsposition.

WERTUNG	**PUNKTE**
3 Durchgänge	**1**
6 Durchgänge	**2**
8 Durchgänge	**3**

Rückenfangen

Ihr steht einander in ungefähr zwei Metern Entfernung gegenüber (Markierung). Einer hält einen Volleyball in der Hand. Er wirft den Ball auf verschiedene Art und Weise seinem Partner zu. Dieser muß den Ball jedesmal hinter seinem Rücken auffangen.

1. Der Ball wird einmal vor dem Partner auf den Boden aufgeprellt und dann erst gefangen.

2. Der Ball wird direkt über den Kopf des Partners geworfen.

3. Der Ball wird direkt mit dem Kopf zugespielt.

Ihr habt in jedem Schwierigkeitsgrad drei Versuche.

WERTUNG	**PUNKTE**
ein indirekter Wurf wird gefangen	**1**
ein direkter Wurf wird gefangen	**2**
ein Kopfball wird gefangen	**3**

Rückenkriechen

Dein Partner liegt mit dem Rücken auf einer Turnbank, die an einer Sprossenwand (Turnleiter, Gitterleiter) schräg eingehängt ist. Die Arme hält er nach vorne. Seine Füße stehen noch am Boden.

Er muß nun versuchen, sich nur mit Hilfe seiner Füße die Bank aufwärts hochzuschieben, bis er eine Sprosse fassen kann. Dies gelingt ihm jedoch nur, wenn Du ihm jeweils die Füße mit Deinen Händen auf der Bank fixierst.

Ihr dürft jede Einhakhöhe zweimal versuchen.

WERTUNG	PUNKTE
Einhakhöhe 1 m	1
Einhakhöhe 1,5 m	2
Einhakhöhe 2 m	3

Schachtschlüpfen

Ihr kommt an einen Schacht (zwei Turnbänke, über denen Matten liegen), durch den Ihr auf verschiedene Weise rasch durchkriechen sollt.

a) auf dem Bauch – Kopf voraus

b) auf dem Rücken – Kopf voraus

c) auf dem Bauch – Füße voraus

Ihr beginnt knapp hintereinander aus dem Stehen und müßt auch wieder zum Stand am anderen Ende gelangen (Zeitstoppung).

Ihr dürft jede Form zweimal versuchen.

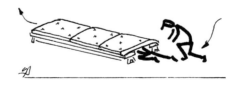

WERTUNG   **PUNKTE**

Form a) unter 14 Sekunden   1

Form b) unter 16 Sekunden   2

Form c) unter 18 Sekunden   3

Schaukelpflücken

Ihr steht einander gegenüber, mit den Füßen in Schaukelringen, die etwa 50 cm über dem Boden fixiert werden. Mit den Händen erfaßt Ihr die Seile der Schaukelringe. Aus dem ruhigen Stehen müßt Ihr versuchen, mit möglichst wenigen »Schauklern« (ein Schaukler = einmal hin und her) so weit zu kommen, daß Ihr eine »Banane« (Sandsack, Beschwerungsbeutel), die in einiger Entfernung auf einem Sprungständer hängt, herunterpflückt und auf einen zweiten Ständer hinüberhängt (der zweite Ständer steht diagonal gegenüber, Entfernung der Ständer von den ruhig hängenden Ringen ca. 2,5 m).

Fällt die »Banane« zu Boden, ist der Versuch ungültig. Ihr dürft es zweimal versuchen.

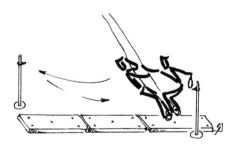

WERTUNG	PUNKTE
30 x schaukeln	**1**
20 x schaukeln	**2**
10 x schaukeln	**3**

Schleifenübergabe

Jeder von Euch sitzt auf einem Sprungkasten (Kästen A, B in voller Höhe). Zwischen den beiden Kästen liegen Matten und hängen die Schaukelringe (Distanz der Kästen von den ruhig hängenden Ringen: Kasten A ca. 2,1 m; Kasten B ca. 3 m). Der am Kasten A Sitzende hält die Schaukelringe in der Hand und hat auf einem Fuß eine Mannschaftsschleife hängen. Er schaukelt mit der Schleife am Fuß herüber zu Kasten B, und Du sollst ihm mit der Hand die Schleife herunternehmen. Er muß jedoch, ohne den Boden (die Matten) mit den Füßen zu berühren, wieder zum Sitz auf Kasten A zurückschaukeln. Wenn das gelungen ist, sollst Du ihm bei einem abermaligen Schaukeln die Schleife wieder auf den Fuß hängen, und er muß wieder zum Sitz auf seinem Kasten zurückkommen. Noch schwieriger ist es, die Schleife mit dem Fuß vom Fuß des anderen abzunehmen.

Ihr dürft jede Form dreimal versuchen.

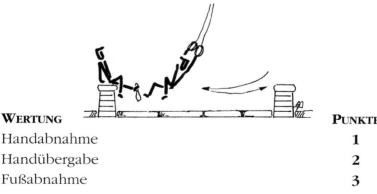

WERTUNG	PUNKTE
Handabnahme	1
Handübergabe	2
Fußabnahme	3

Abb. rechts: ROLLBRETTHANGELN

Schubkarrenslalom

Einer von Euch (der Schubkarren) geht in den Grätschliegestütz, der andere faßt ihn an den Knien und hebt diese bis in Hüfthöhe an. Vor den Kopf des »Schubkarren« wird ein Ball gelegt. Ihr sollt nun eine durch Keulen markierte Strecke in Slalomform durchfahren. Der Ball muß dabei mit dem Kopf so durch den Slalom befördert werden, daß keine Keule umfällt.

Jeder von Euch hat drei Versuche als Schubkarren.

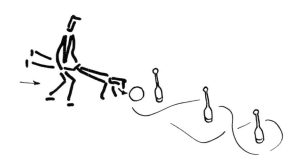

WERTUNG	PUNKTE
1 x fehlerfrei	**1**
4 x fehlerfrei	**2**
6 x fehlerfrei	**3**

Abb. links: SIAMESISCHE ZWILLINGE. Ein ganz feines Aufeinander-Rücksichtnehmen und Zusammenspielen sind notwendig.

Seilstandwurf

Zwei geschwenkte Sprossenwände sind mit zwei Seilen verbunden, eines in Bodenhöhe, eines in Reichhöhe. Ohne Bodenberührung klettert einer von Euch in die Mitte des Seiles. Von dort aus muß er versuchen, eine Indiaca durch einen gegenüber aufgehängten Reifen zu werfen. Der zweite muß seinem Partner jeweils einzeln die Indiaca bringen.

Ihr habt drei Würfe.

WERTUNG	**PUNKTE**
1 Treffer	**1**
2 Treffer	**2**
3 Treffer	**3**

72

Siamesische Zwillinge

Eine Sprossenwand wird herausgeklappt. Auf jeder Seite werden je zwei Turnbänke direkt nebeneinander schräg in die Sprossenwand eingehakt. Ihr seid durch einen Gymnastikball an der Stirn »zusammengewachsen«. Gemeinsam versucht Ihr, die Hindernisse (Schrägbank aufwärts, Sprossenwand, Schrägbank abwärts) ohne Ballverlust zu bewältigen.

Der Ball darf nur durch Druck und Gegendruck mit der Stirne gehalten werden.

Ihr habt drei Versuche.

WERTUNG	**PUNKTE**
3 x Ballverlust pro Durchgang	**1**
1 x Ballverlust pro Durchgang	**2**
kein Ballverlust bei einem Durchgang	**3**

Sklavenausbruch

Ihr seid aneinandergefesselt und befindet Euch auf der Flucht. Ein Hindernis (herausgeklappte Sprossenwand) taucht auf und muß trotz der Fesselung überklettert werden.

1. Die inneren Hände sind aneinandergebunden.

2. Die inneren Fußknöchel sind aneinandergebunden.

3. Innere Hände und innere Füße sind aneinandergebunden.

In jeder Stellung habt Ihr zwei Versuche.

WERTUNG	**PUNKTE**
Überklettern mit Handfesselung	**1**
Überklettern mit Fußfesselung	**2**
Überklettern mit Hand- und Fußfesselung	**3**

74

Sprungseilziehball

Drei verschiedene Bälle (Medizinball, Gymnastikball, Tennisball) sollen vom Boden auf eine Matte mittels eines Sprungseiles hinaufgezogen werden.

Jeder von Euch hat ein Ende des Sprungseiles in der Hand.

Ihr dürft es mit jedem Ball fünfmal versuchen.

WERTUNG	PUNKTE
Medizinball	1
Gymnastikball	2
Tennisball	3

Stangenball

Einer von Euch hängt mit je einer Hand an je einer Kletterstange, seine Füße dürfen den Boden nicht berühren.

Der andere steht in einer Entfernung von ca. 2,5 m und hält einen Gymnastikball in der Hand. Er wirft den Ball so, daß ihn der Hängende mit den Beinen fangen kann.

Der Fänger muß den Ball mindestens drei Sekunden festhalten.

Ihr dürft es neunmal versuchen.

WERTUNG	PUNKTE
2 x gültig fangen	**1**
4 x gültig fangen	**2**
6 x gültig fangen	**3**

Tauball

Rechts und links von den Klettertauen steht in mindestens zwei Metern Entfernung je eine Turnbank. Einer von Euch nimmt ein Tau und stellt sich auf eine Turnbank. Der andere nimmt einen Hohlball und stellt sich auf die andere Bank.

Während einer hinüberpendelt, ohne mit irgendeinem Körperteil den Boden zu berühren, wirft der andere den Ball derart, daß er mit den Füßen (oder einem anderen Körperteil) so zurückgespielt wird, daß ihn der Werfer wieder fangen kann, ohne von der Turnbank steigen zu müssen.

Ihr dürft es neunmal versuchen.

WERTUNG	**PUNKTE**
2 x gültig fangen	**1**
4 x gültig fangen	**2**
6 x gültig fangen	**3**

Turnstab-Ballfangen

Ihr steht neben einem Hochreck und haltet zwei Turnstäbe, jeweils an den Stabenden, in beiden Händen. Auf den waagrecht gehaltenen Stäben liegt ein Ball. Ihr sollt nun den Ball mit Hilfe der Turnstäbe über die Reckstange werfen und auf der anderen Seite mit den Stäben wieder auffangen.

Ihr habt zehn Versuche.

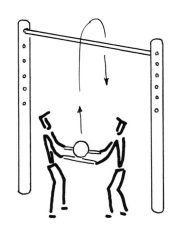

WERTUNG	**PUNKTE**
Auffangen gelingt 1 x	**1**
Auffangen gelingt 2 x	**2**
Auffangen gelingt 3 x	**3**

Überfuhr

Ihr stellt Euch auf die «Überfuhr« (= Sprungbrett auf Roll-vorrichtungen).

Durch Entlangziehen am Zugseil sollt Ihr das andere »Flußufer« erreichen (Bodenmarkierung). Dort findet Ihr Handgeräte, die Ihr zurücktransportieren sollt.

In den »Fluß« gefallene Geräte sind verloren. Bei den Überfahrten darf kein Körperteil das »Wassser« berühren, sonst müßt Ihr von vorne beginnen.

Drei Überfahrten (jeweils Hin- und Rückfahrt) sind erlaubt!

WERTUNG	**PUNKTE**
3 Keulen, 3 Turnstäbe	**1**
3 Basketbälle, 3 Gymnastikreifen	**2**
3 Medizinbälle, 6 Tennisbälle	**3**

Verknoten

Jeder von Euch bindet sich das Ende eines Sprungseiles um den Knöchel. Ihr steht beide auf einer Turnmatte. Ohne die Turnmatte zu verlassen, sollt Ihr versuchen, durch Herumsteigen, Durchwinden… möglichst viele Knoten in das Sprungseil zu machen. Wird die Matte dabei verlassen, dann ist der Knoten ungültig.

Ihr habt eine Minute Zeit.

WERTUNG	**PUNKTE**
2 Knoten	**1**
4 Knoten	**2**
6 Knoten	**3**

Zielblasen

Ihr liegt beide auf dem Bauch hinter einer markierten Linie und versucht, durch gemeinsames, bzw. gleichzeitiges Blasen einen Tischtennisball in ein Loch (z. B. Recköffnung) hineinzubefördern.

Ihr habt sechs Versuche.

WERTUNG	PUNKTE
1 – 2 Treffer	**1**
3 – 4 Treffer	**2**
5 – 6 Treffer	**3**

ZWEIKAMPFSTATIONEN

Spezifische Überlegungen

Die organisatorische Grundstruktur der Abenteuer-Spielstunde »Stationsbetrieb mit Geschicklichkeitsaufgaben« ermöglicht eine Fülle von sinnvollen Variationen.

Die »Zweikampfstationen« sind eine solche, bereits mehrfach erfolgreich erprobte Möglichkeit.

Je zwei »Wettkämpfer« wechseln von Station zu Station. Sie werden bei jeder Station mit neuen, interessanten »Zweikampfaufgaben« konfrontiert. Die spezifischen Möglichkeiten und Probleme, die sich aus der Grundidee »Zweikampf« ergeben, sind vielfältig:

PARTNERWAHL

Sie ist wie bei den Partnerspielstationen ein entscheidender Punkt. Es bieten sich dabei folgende Lösungen an:

1. Freie Partnerwahl
Eine vorherige Information darüber, daß beide Wettkämpfer ungefähr gleiche Voraussetzungen mitbringen sollen (Größe, Gewicht, Kraft...), ist unbedingt nötig!

2. Zuordnen des Partners
Wenn der Leiter die Gruppe gut kennt, ist ein »Zuordnen« von »Wettkämpfern« gleicher Leistungsstärke möglich und zu empfehlen.

3. Auslosen des Partners
Davon muß in diesem Fall abgeraten werden! Ohne Chancengerechtigkeit ist das Ganze nicht sinnvoll.

4. Kombination von Punkt 1 und 2

Eine Kombination der freien Partnerwahl mit einer eventuellen Korrektur durch den Leiter (bei offensichtlichen großen Ungleichheiten) wird wahrscheinlich am günstigsten sein.

BEWERTUNGSMODUS

Er sollte so einfach wie nur möglich gehalten werden. Eine Übernahme des Bewertungsmodus, der bei vielen Sportspielen üblich ist, hat sich bewährt:

◊ Für einen Sieg gibt es zwei Punkte

◊ Ein Unentschieden bringt einen Punkt

◊ Eine Niederlage (oder Aufgabe) bringt keinen Punkt

Das ergibt auch rechnerisch den geringsten Aufwand!

ZEITAUFWAND PRO STATION

Wichtig ist es, die Anzahl der Durchgänge bzw. Wiederholungen bei jeder Station so abzustimmen, daß auch ein »Unentschieden« möglich ist (d. h.: 2, 4, 6 oder 8 Versuche, je nach Station).

Die Anzahl der Versuche ist wiederum von der voraussichtlichen Dauer eines Versuches abhängig, um die Zeiten, die pro Station benötigt werden, annähernd gleich zu halten. Sonst gibt es im Verlauf der Stunde mit dem Stationswechsel ständig Probleme (durch Wartezeiten), weil z. B. eine Station zuviel Zeit beansprucht.

Der Aufbau von zwei gleichartigen Stationen parallel könnte dieses Problem auch aus der Welt schaffen!

AUF- UND ABBAU DER STATIONEN

Er kann genauso rasch wie bei den Partnerspielstationen erfolgen. Die jeweilige Tafel mit der Stationsnummer, der Stationsbezeichnung und der Aufgabenstellung wird an den Platz hingestellt (-gelegt oder -gehängt), an dem die Station aufgebaut werden soll.

Die Partner setzen sich zur Tafel, lesen die Beschreibung und beginnen mit dem Aufbau bzw. mit dem Herbeiholen der fehlenden Geräte und sonstiger Requisiten.

Der Übungsleiter hat selbstverständlich eine Turnhallenskizze hergestellt, aus der die Plazierung der Stationen (Abstände, Richtungen...) ersichtlich ist. Er kontrolliert den ordnungsgemäßen Aufbau. Sondergeräte werden von ihm vorher bereitgestellt (die Skizze kann an der Wand angeschlagen werden). Es ist sinnvoll, die »Wettkämpfe« erst dann beginnen zu lassen, wenn die letzte Station fertig aufgebaut ist.

Sehr zu empfehlen ist es auch, die Stationen von den gleichen Leuten wieder abbauen zu lassen, da sie wissen, wo sie die Geräte hergeholt haben, und sie damit auch wieder an den gleichen Platz zurückstellen!

STATIONSAUSWAHL

Sie soll nach den Möglichkeiten der Gruppe (Kinder, Jugendliche, Erwachsene) und den Möglichkeiten der Halle (Geräte, Raumbedarf...) getroffen werden.

Ein Auswahlkriterium ist (besonders bei Kindern), ob die Eindeutigkeit von Sieg, Unentschieden oder Niederlage einwandfrei festgestellt werden kann. Es kommt sonst zu unnötigen Diskussionen oder gar Streitigkeiten.

Auch ein ausreichender Abstand zwischen den einzelnen Stationen muß aus Sicherheitsgründen gewährleistet sein. Würfe sollen nach Möglichkeit in Richtung Hallenwand erfolgen, damit die Bälle nicht in der ganzen Halle herumfliegen und andere gefährden!

Die Stationen sollen auch so aufeinanderfolgen, daß eine abwechslungsreiche Belastung (Arme, Beine, Rumpf...) gegeben ist.

ABENTEUERCHARAKTER

Er ist einerseits durch die Aufgabenstellung (ungewöhnlich, interessant, abwechslungsreich...) andererseits aufgrund der Stationsbezeichnung (Häuptlingskampf, Astronautenduell, Verfolgungsjagd...) gewährleistet. Auch die Textformulierung der Bewegungsaufgabe kann dazu beitragen, daß das Ganze als »abenteuerlich« empfunden wird.

KAMPFRICHTERPROBLEM

Es ist (je nach Altersstufe) unterschiedlich zu lösen. Folgende Lösungen bieten sich an:

◊ Ein Oberkampfrichter (Übungsleiter, Lehrer...), der bei Meinungsverschiedenheiten konsultiert werden kann und dessen Entscheidung bindend ist.

◊ Je zwei Paare pro Station – eines kämpft, das andere ist Schiedsrichter! Der Vorteil dieser Lösung ist ein weitgehendes Freispielen des Leiters und ein Erziehen zur gegenseitigen Akzeptanz. Außerdem werden nur halb so viele Stationen gebraucht (Arbeitsaufwand, Platzbedarf!). Ein Nachteil kann die eventuelle Übernahme der Aufgabenlösung, das Abschauen von »Tricks« beim ersten Paar sein (mentales Training...). Es sollte daher aus Gerechtigkeitsgründen bei jeder Station ein anderes Paar mit dem Zweikampf beginnen (Stationswechsel = Wechsel der Reihenfolge der zwei Paare).

◊ Aus erzieherischen Gründen ist das Wettkämpfen ganz ohne Schiedsrichter anzustreben. Die »Kämpfer« sollen lernen, selbst mit schwierigen Situationen zurechtzukommen. Wenn einzelne Paare es nicht schaffen, dann muß der Oberschiedsrichter eingreifen.

Natürlich kann der ganze Bewerb auch ohne Punktebewertung durchgeführt werden, einfach aus Spaß und Interesse an den Aufgaben und am gegenseitigen »Kräftemessen«. In diesem Fall sollte aber die vorgegebene Anzahl an Versuchen genauso eingehalten werden, sonst gibt es Zeitprobleme (Stau, Warten...).

In der folgenden Übersicht über »Zweikampfstationen« werden Materialbedarf und Hauptbeanspruchung für jede Station angegeben. Dann erfolgt die genaue Beschreibung der Aufgabenstellung für jede einzelne Station.

Besonders beliebte Spielstationen sind: Häuptlingsduell, Turnbankstechen und Affenkampf.

*

Abb. rechts: DACHDECKER. Das Agieren auf einer stark geneigten schiefen Ebene läßt erleben, wie einem Dachdecker zumute ist.

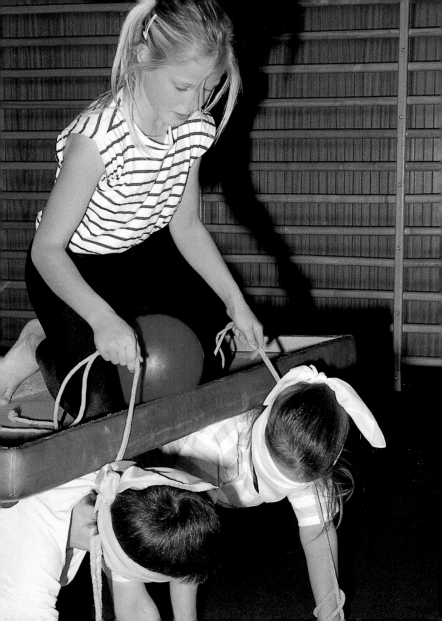

Zweikampfstationen

ÜBERSICHT DER SPIELE

Nr.	Stationsbezeichnung	Beanspruchung	Material
1	Affenfangen	Kraft, Schnelligkeit	Klettertau
2	Affenkampf	Geschicklichkeit, Kraft	Klettertaue (Ringe, Reck)
3	Astronautenduell	Wurfgenauigkeit	Deckenlonge (Schaukelringe), Sprungkasten, Keulen, Bälle
4	Beinhebeln	Kraft, Gleichgewicht	Schwebebalken (Turnpferd, -bank), Turnmatten, Weichboden
5	Doppelballduell	Geschicklichkeit	4 Medizinbälle (Bälle)
6	Eilkurier	Schnelligkeit	Markierungen, Papier
7	Fußball-Parallelslalom	Bewegungsgenauigkeit, Schnelligkeit	Markierungen, Keulen, 2 Fußbälle
8	Gesäßkampf	Gleichgewicht, Gewandtheit	Sprungkastendeckel (Rahmen)
9	Hangel-Balltransport	Kraft, Gewandtheit	Turnleitern (waagrecht), Bälle, Sprungkasten
10	Hänge-Tormann	Gewandtheit	Reck, Turnmatten, Bälle, Gummischnur

Abb. links: KUNSTREITEN.

11	Häuptlingsduell	Wurfgenauigkeit	Recksäule, Sprung-seile, Indiaca (Soft-bälle, Frisbee)
12	Herunterstoßen	Gleichgewicht, Kraft	Schwebebalken (Turnbank), Turn-matten, 2 Medizin-bälle
13	Hüftkegeln	Bewegungsgenauigkeit	Markierungen, 4 Keulen, 2 Sprung-seile
14	Kegeln	Bewegungsgenauigkeit	Markierungen, Kegel, Gymnastik-ball
15	Keulenstoßen	Geschicklichkeit	Turnstab, Keulen
16	Kunstreiten	Kraft	Turnpferde, Matten
17	Lianenduell	Wurfgenauigkeit, Kraft	Klettertaue, Turn-bänke, Softbälle
18	Perlentauchen	Gewandtheit, Kraft	Weichboden, Kugeln/Tennisbälle
19	Reifenkreisen	Geschicklichkeit	2 Gymnastikreifen
20	Sandwich	Gewandtheit, Kraft	2 Weichböden, Sprungseile
21	Schatzrudern	Gleichgewicht	2 Skateboards (Roll-bretter), Bälle, Turnstäbe
22	Schiffversenken	Wurfgenauigkeit	2 Sprungkästen, Bälle
23	Sockelziehen	Gleichgewicht, Gewandtheit	2 Kleinsprung-kästen (Sprung-kästen), Sprungseil

24	Stabbalancieren	Gleichgewicht	2 Turnmatten, 2 Turnstäbe
25	Turnbankstechen	Gleichgewicht	2 Turnbänke, 2 Schaumstoff- schläger
26	Verblasen	Vitalkapazität	Gymnastikreifen (Markierung), Tischtennisball
27	Verfolgungsjagd	Schnelligkeit, Wurf- genauigkeit	Gitterleiter, Weichboden, Softbälle
28	Wuzelflucht	Gewandtheit	Mannschaftsschlei- fen (Sprungseile), Markierungen

*

Affenfangen

Einer von Euch (der Affenfänger) sitzt in einem offenen Sprungkasten (volle Höhe, ohne Deckel), der in einiger Entfernung von den Klettertauen (Kletterstangen) steht.

Der andere (der Affe) sitzt auf einer Matte unter einem Klettertau (Kletterstange).

Auf Kommando klettert der Affe möglichst schnell das Tau hinauf. Der Fänger steigt aus dem Kasten, läuft zum Tau und versucht den Affen während des Kletterns vom Boden aus abzuschlagen (Nachklettern ist nicht erlaubt). Gelingt ihm ein Abschlag, so hat er gewonnen – wenn nicht, dann ist der Affe Sieger.

Nach drei Versuchen erfolgt Rollentausch.

WERTUNG	**PUNKTE**
Sieg	2
Unentschieden	1
Niederlage (Aufgabe)	0

Affenkampf

Ihr hängt an benachbarten Klettertauen (Ringen).

Jeder Affe versucht, den anderen dazu zu zwingen, sein Tau (seinen Ring) zu verlassen.

Wer zuerst die Matte unter den Tauen (Ringen) berührt, hat verloren.

Ihr dürft es insgesamt viermal versuchen.

WERTUNG	PUNKTE
Sieg	2
Unentschieden	1
Niederlage (Aufgabe)	0

Astronautenduell

Ihr schlüpft in einen Saltogürtel und werdet mit Hilfe Eurer Kameraden ein Stück hochgezogen.

Frei in der Luft schwebend sollt Ihr nun mit drei Tennisbällen, die Ihr mitnehmen dürft, auf einem Sprungkasten aufgestellte Keulen (Dosen) herunterschießen.

Jeder darf es dreimal versuchen. Es zählt die Gesamttrefferzahl.

WERTUNG	PUNKTE
Sieg	2
Unentschieden	1
Niederlage (Aufgabe)	0

Beinhebeln

Über einem Schwebebalken (Turnbank, Seitpferd) wird eine Turnmatte gelegt. Unter dem Balken liegt ein Weichboden (oder sind Matten).

Ihr sitzt einander im Reitsitz gegenüber. Jeder versucht, nur mit Hilfe der Beine den anderen von der Sitzfläche herunterzukippen.

Die Arme dürfen dabei nicht eingesetzt werden – auch ein Anhalten an der Matte ist nicht erlaubt.

Vier Durchgänge sind zu absolvieren.

WERTUNG	**PUNKTE**
Sieg	**2**
Unentschieden	**1**
Niederlage	**0**

Doppelballduell

Jeder von Euch hat einen Medizinball zwischen den Knien und einen zweiten zwischen den Ellbogen eingeklemmt.

Ihr versucht nun, ohne selbst einen Ball zu verlieren, den anderen dazu zu bringen, daß er einen Ball fallen läßt.

Ihr dürft es insgesamt viermal versuchen.

WERTUNG	**PUNKTE**
Sieg	2
Unentschieden	1
Niederlage (Aufgabe)	0

Eilkurier

Jeder nimmt ein Blatt Papier, drückt es mit der flachen Hand leicht an seinen Bauch und stellt sich so an die Startlinie.

Auf Kommando laßt Ihr das Blatt los und beginnt gleichzeitig so schnell zu laufen, daß das Blatt durch den Luftdruck angepreßt wird.

Wer ohne das Blatt zu halten und ohne es zu verlieren, als erster die Ziellinie überquert, hat gewonnen.

Ihr dürft es viermal versuchen.

WERTUNG	PUNKTE
Sieg	2
Unentschieden	1
Niederlage (Aufgabe)	0

Fußball-Parallelslalom

Der Slalomkurs besteht aus zwei nebeneinanderstehenden Keulenreihen.

Ihr sollt gleichzeitig starten und mit einem Fußball Euren Slalom durchdribbeln, ohne ein Tor auszulassen oder eine Keule umzuwerfen. Ihr müßt dabei wieder zum Startplatz zurückdribbeln.

Wer zuerst ohne Fehler ankommt, hat gewonnen.

Vier Durchgänge sind zu absolvieren. Nach jedem Durchgang wird die »Piste« gewechselt.

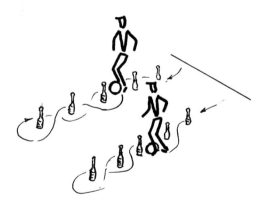

WERTUNG	**PUNKTE**
Sieg	**2**
Unentschieden	**1**
Niederlage (Aufgabe)	**0**

98

Gesäßkampf

Ihr steht Rücken an Rücken auf einem Sprungkastendeckel (Kastenrahmen).

Durch Stöße mit dem Gesäß sollt Ihr versuchen, den anderen zum Absteigen zu zwingen.

Nur wer selber oben bleibt, gewinnt. Ein Anhalten am Gegner ist nicht erlaubt. Wenn beide absteigen, ist der Durchgang unentschieden.

Acht Durchgänge sind zu absolvieren.

WERTUNG	**PUNKTE**
Sieg	**2**
Unentschieden	**1**
Niederlage (Aufgabe)	**0**

Hangel-Balltransport

Zwei Turnleitern, die nebeneinander stehen, werden in Reichhöhe waagrecht gestellt.

Jeder steht bei seinem Leiterende auf einem Sprung-kastendeckel, auf dem zwei Gymnastikbälle liegen.

Unter dem anderen Leiterende steht ein Sprungkasten-rahmen.

Durch Hinüberhangeln mit je einem Ball zwischen den Beinen sollen die Bälle in den Kastenrahmen befördert werden. Zurück muß auch gehangelt werden.

Wer ist zuerst fertig?

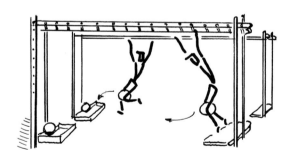

WERTUNG	**PUNKTE**
Sieg	**2**
Unentschieden	**1**
Niederlage (Aufgabe)	**0**

Hänge-Tormann

Einer von Euch hängt auf einem Hochreck (= Tor). In Brusthöhe des »Hänge-Tormanns« ist eine Gummischnur gespannt.

Der andere von Euch steht in einiger Entfernung zum Tor, einen Gymnastikball in der Hand.

Er wirft den Gymnastikball hoch und versucht, so zu köpfeln, daß der hängende Tormann nicht abwehren kann.

Als Tor gilt nur der Bereich vom Boden bis zur Schnur.

Sechs Köpfelversuche pro Wettkämpfer sind erlaubt, dann erfolgt Rollentausch.

Wer erzielt mehr Tore.

WERTUNG	PUNKTE
Sieg	2
Unentschieden	1
Niederlage (Aufgabe)	0

Häuptlingsduell

Jeder von Euch bindet sich ein Sprungseil um den Bauch und befestigt sich mit einem zweiten Sprungseil an einem »Marterpfahl« (Recksäule). In der Hand hält jeder eine Indiaca (Softball, Frisbee ...).

Jeder versucht nun, den anderen mit der Indiaca abzuschießen.

Dabei darf man nur nach der Seite ausweichen, das heißt, das Sprungseil muß immer gespannt bleiben.

Ihr dürft es viermal versuchen.

Wer erzielt die meisten gültigen Treffer?

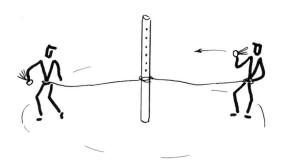

WERTUNG	**PUNKTE**
Sieg	2
Unentschieden	1
Niederlage (Aufgabe)	0

Herunterstoßen

Jeder von Euch nimmt einen Medizinball und steigt damit auf einen niedrig gestellten Turnbalken (umgedrehte Turnbank).

Rechts und links vom Balken (von der Bank) liegen Turnmatten.

Vom Balkenende aus geht Ihr aufeinander zu, und jeder versucht, den anderen durch Stöße mit dem Medizinball zum Absteigen zu zwingen.

Sieger ist, wer öfter oben stehen bleibt.

Ihr dürft es insgesamt viermal versuchen.

WERTUNG	PUNKTE
Sieg	**2**
Unentschieden	**1**
Niederlage (Aufgabe)	**0**

Hüftkegeln

Jeder von Euch bindet sich ein Sprungseil um die Hüften, an dessen Ende eine Gymnastikkeule befestigt ist. Die Keule soll hinter Euch hängen und den Fußboden nicht ganz erreichen.

Ihr sollt einen Gymnastikball, der zwischen Euren Beinen liegt, durch Hüftbewegungen mit der hängenden Keule so treffen, daß er wegrollt und eine in einiger Entfernung stehende Keule umwirft.

Jeder hat vier Versuche.

WERTUNG	PUNKTE
Sieg	2
Unentschieden	1
Niederlage (Aufgabe)	0

Kegeln

Ihr stellt Euch mit einem Gymnastikball an die Abwurf-
linie und versucht abwechselnd so viele Keulen wie möglich umzuschießen.

Jeder darf dreimal kegeln.

Nach jedem »Schub« werden die Keulen neu aufgestellt.

Es zählt die Gesamttrefferzahl.

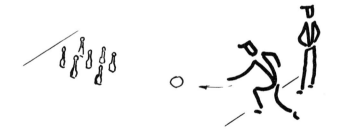

WERTUNG	**PUNKTE**
Sieg	**2**
Unentschieden	**1**
Niederlage (Aufgabe)	**0**

Keulenstoßen

Ihr steht mit dem Rücken zueinander, Beine gegrätscht, Oberkörper vorgebeugt.

Zwischen den Beinen haltet Ihr mit beiden Händen einen Turnstab. Knapp vor den Turnstab-Enden steht jeweils eine Gymnastikkeule (Blechdose...).

Jeder versucht, die Keule des anderen mit dem Turnstab-Ende umzustoßen, ohne daß seine eigene Keule dabei umfällt.

Wenn die Keule nicht durch den Turnstab zu Fall gebracht wird, ist der Versuch ungültig.

Vier Durchgänge sind zu absolvieren.

WERTUNG	PUNKTE
Sieg	2
Unentschieden	1
Niederlage (Ablage)	0

Kunstreiten

Ihr sitzt auf einem Pauschenpferd und sollt versuchen, das Pferd möglichst schnell zu umklettern.

Wenn der Boden dabei berührt wird, ist der Versuch ungültig.

Sind zwei Pferde vorhanden, dann erfolgt der Wettkampf gleichzeitig – sonst wird die Zeit gestoppt.

Jeder hat drei Versuche.

WERTUNG	PUNKTE
Sieg	2
Unentschieden	1
Niederlage (Aufgabe)	0

Lianenduell

Parallel zu den Klettertauen (»Lianen«) steht auf jeder Seite in einiger Entfernung eine Turnbank.

Ihr steht einander schräg gegenüber auf der Turnbank (mindestens drei Taue Abstand). Mit einer Hand faßt Ihr das Tau, in der anderen haltet Ihr einen kleinen Softball.

Ihr sollt Euch nun mit der »Liane« über den »Abgrund« schwingen und den Gegner dabei mit dem Softball abschießen.

Werfen dürft Ihr nur während des Pendelns! Wer absteigen muß oder die andere Bank nicht erreicht, hat verloren.

Ihr dürft es insgesamt viermal versuchen.

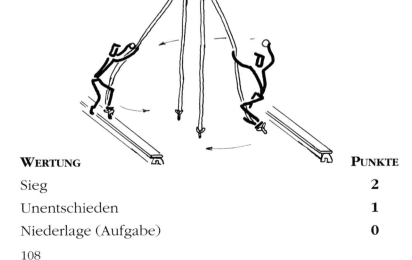

WERTUNG	**PUNKTE**
Sieg	2
Unentschieden	1
Niederlage (Aufgabe)	0

Perlentauchen

Ihr steht an den Ecken eines Weichbodens – diagonal gegenüber. Auf dem »Meeresgrund« (unter dem Weichboden) befinden sich einige »kostbare Perlen« (z.B.: Glaskugeln).

Auf Kommando dürft Ihr »untertauchen« und die Perlen holen.

Ihr dürft viermal tauchen.

(Die Perlen werden nach jedem Tauchgang wieder am »Meeresgrund« versenkt.)

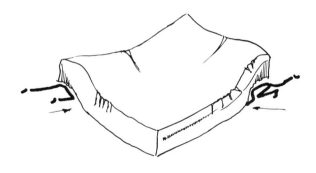

WERTUNG	PUNKTE
Sieg	2
Unentschieden	1
Niederlage (Aufgabe)	0

Reifenkreisen

Ihr steht einander gegenüber. Jeder von Euch hat einen Gymnastikreifen, den er in Hüfthöhe festhält.

Auf Kommando laßt Ihr den Reifen aus und versucht, ihn durch Hüftbewegungen um Euch kreisen zu lassen. Wenn ein Reifen zu Boden fällt, ist der Versuch beendet.

Sieger ist der, dessen Reifen länger kreist.

Ihr habt insgesamt vier Versuche.

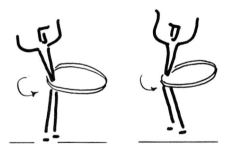

WERTUNG	**PUNKTE**
Sieg	**2**
Unentschieden	**1**
Niederlage (Aufgabe)	**0**

110

Sandwich

Ihr versucht, gleichzeitig zwischen zwei aufeinander-gelegten Weichböden durchzukriechen.

Die Weichböden werden dazu mit Sprungseilen an der Sprossenwand festgebunden.

Der Schnellere ist Sieger.

Ihr dürft es zweimal versuchen.

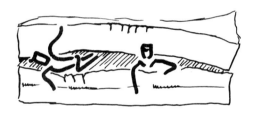

WERTUNG	PUNKTE
Sieg	2
Unentschieden	1
Niederlage (Aufgabe)	0

Schatzrudern

Jeder versucht, seinen »Schatz« (drei Gymnastikbälle) über den »Fluß« (markierte Strecke) in Sicherheit zu bringen.

Ihr sitzt in Eurem »Boot« (Skateboard, Balkenrollvorrichtung...) und dürft jeweils einen Ball mitnehmen. Zur Fortbewegung verwendet Ihr ein »Ruder« (Turnstab).

Sieger ist, wer als erster seinen ganzen »Schatz« ans andere Ufer gebracht hat.

Der »Schatz« darf dabei nicht ins Wasser fallen!

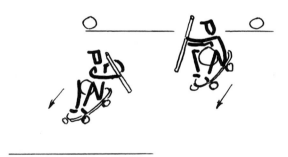

WERTUNG	**PUNKTE**
Sieg	2
Unentschieden	1
Niederlage (Aufgabe)	0

Schiffversenken

Zwei »Seeräuber« stehen vor ihrem »Schiff« (offene Sprungkästen, volle Höhe, ohne Deckel).

Ihr versucht nun, mit den zur Verfügung stehenden Wurfgeschoßen (Tennisbälle, Handbälle, Volleybälle …) möglichst oft in das gegnerische »Schiff« hineinzutreffen. Dabei dürfen die Bälle jedoch vom Verteidiger nicht abgewehrt werden!

Ihr dürft es dreimal versuchen. Die Treffer aller Durchgänge werden addiert.

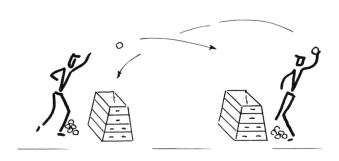

WERTUNG	PUNKTE
Sieg	2
Unentschieden	1
Niederlage	0

Sockelziehen

Auf zwei Kleinsprungkästen (oder Sprungkästen, Höhe: ein Rahmen) steht Ihr einander gegenüber. Jeder von Euch hat das Ende eines Sprungseiles in der Hand.

Durch geschicktes Ziehen sollt Ihr versuchen, den anderen zum »Absteigen vom Sockel« zu bringen - selbst aber oben zu bleiben.

Wenn beide absteigen müssen, ist der Durchgang unentschieden.

Ihr dürft es insgesamt viermal versuchen.

WERTUNG	PUNKTE
Sieg	2
Unentschieden	1
Niederlage (Aufgabe)	0

Stabbalancieren

Jeder von Euch steht auf einer Turnmatte und hält einen Turnstab in der Hand.

Den Stab sollt Ihr auf der flachen Hand balancieren, ohne dabei die Matte zu verlassen.

Wer schafft es länger?

Ihr dürft es viermal gleichzeitig versuchen.

Wertung	**Punkte**
Sieg	2
Unentschieden	1
Niederlage (Aufgabe)	0

Turnbankstechen

Zwei Turnbänke stehen parallel mit der Schmalseite nach oben und knapp nebeneinander. Ihr beginnt diagonal gegenüber, jeder auf seiner Bank.

Beim Aneinander-Vorbeigehen sollt Ihr versuchen, durch Stöße mit einem Schaumstoffschläger (Pilo-Polo-Schläger, Quickballschläger...) den anderen zum Absteigen zu zwingen.

Wenn beide absteigen, ist der Durchgang unentschieden.

Vier Durchgänge sind zu absolvieren.

WERTUNG	PUNKTE
Sieg	2
Unentschieden	1
Niederlage (Aufgabe)	0

Verblasen

Am Boden liegt ein Gymnastikreifen, in seiner Mitte ein Tischtennisball.

Ihr liegt auf dem Bauch einander gegenüber.

Jeder versucht, den Ball über die gegnerische Halbkreisbegrenzung hinauszublasen.

Das Kinn muß beim Blasen immer außerhalb des Reifens bleiben. Eine Berührung des Balles ist nur mit dem Gesicht erlaubt.

Ihr dürft es sechsmal versuchen.

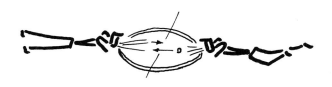

WERTUNG	PUNKTE
Sieg	2
Unentschieden	1
Niederlage (Aufgabe)	0

Verfolgungsjagd

Beide sitzen auf einer Turnmatte.

Auf Kommando flüchtet einer von Euch und versucht, möglichst schnell die Gitterleiter hochzuklettern. Wenn er die letzte Sprosse mit einer Hand berührt, ist die Flucht zu Ende.

Der Verfolger wirft von der Matte aus mit kleinen Softbällen auf den Flüchtenden und zählt die Treffer während des Hinaufkletterns (vor der Gitterleiter liegt ein Weichboden).

Nach drei Versuchen erfolgt Rollentausch.

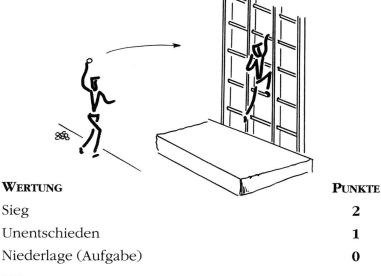

WERTUNG	**PUNKTE**
Sieg	2
Unentschieden	1
Niederlage (Aufgabe)	0

Wuzelflucht

Jeder von Euch wird an Händen und Füßen gefesselt, (z.B.: Mannschaftsschleifen, Judogürtel, Bänder...).

Dann legt Ihr Euch seitlich auf den Boden, und die Handfesseln werden mit den Fußfesseln eng verbunden.

Von der Startlinie aus bewegt (wuzeln = rollen, drehen, wickeln) Ihr Euch auf Kommando in Richtung Ziellinie. Jede Fortbewegungsart außer Hüpfen ist erlaubt.

Wer überschreitet zuerst mit dem ganzen Körper die Ziellinie?

Ihr dürft es zweimal versuchen.

WERTUNG	PUNKTE
Sieg	2
Unentschieden	1
Niederlage (Aufgabe)	0

DREIERGRUPPE

Spezifische Überlegungen

Wenn man die »Abenteuer Spielstunde« in Form von Spielstationen für Dreiergruppen organisiert, dann ergeben sich daraus Probleme, aber auch spezielle Vorteile.

Die Förderung der Motorik steht natürlich, ebenso wie bei allen anderen Formen von Abenteuer-Spielstunden, außer Frage. Die spezifische motorische Beanspruchung wird wieder in einer eigenen Übersichtsliste über die Spielstationen angegeben.

Große Möglichkeiten ergeben sich bei der Dreiergruppe durch die Notwendigkeit zu kooperativem Verhalten, zum Eingehen auf die beiden Partner und zur Rücksichtnahme auf diese. Darüber hinaus werden aber auch Qualitäten wie Anpassungsfähigkeit, Abschätzen von Möglichkeiten und Bewegungsphantasie, bei den gemeinsamen Lösungsversuchen auf natürliche Weise gefördert. Schwächen des einen können durch Einfälle der anderen kompensiert werden.

Überdies eignet sich die Dreiergruppe besonders gut zum gegenseitigen Helfen, weil das Körpergewicht eines Partners von den beiden anderen relativ gut bewältigt werden kann.

Probleme können sich aus der Art der Gruppenbildung bzw. Gruppeneinteilung ergeben.

Verschiedene Möglichkeiten bieten sich an:

◊ *Freie Partnerwahl für die einzelnen Gruppen*

Meist finden sich dann Freunde oder leistungsstarke (bzw. leistungsschwache) Partner zusammen, was eine wettkampfmäßige Abwicklung wegen der ungleichen Voraussetzungen weitgehend ausschließt.

Ein freies, ungebundenes Probieren der angebotenen Spielstationen bleibt aber auch in diesem Fall als sinnvolle Möglichkeit.

◊ *Auslosen der Gruppenteilnehmer*

Das mag spannend und interessant sein, doch kann es durch den Zufall ebenfalls zur Benachteiligung einzelner Gruppen kommen.

◊ Eine gute Lösung ist das *»Zulosen« von Leistungsstarken zu Schwächeren.*

Eine Voraussetzung dafür ist, daß man alle Spielteilnehmer gut kennt und entsprechend einschätzen kann. In solchen »gemischten Gruppen« kommen die oben angeführten sozialen Verhaltensweisen voll zum Tragen. Einem spannenden Wettkampf steht ebenfalls nichts im Wege.

Ein Vorteil der Spielstationen für Dreiergruppen ist auch der wesentlich geringere Aufwand für den Aufbau und Abbau der benötigten Geräte, weil man mit weniger Stationen mehr Leute gleichzeitig beschäftigen kann!

Es ist günstig, jeweils zwei Dreier-Gruppen pro Spielstation einzuteilen. Eine Gruppe probiert, übt, kämpft, die andere sieht zu, gibt Anregungen, hilft mit, feuert an oder fungiert gleich als Kampfrichter!

Dreiergruppe

ÜBERSICHT DER SPIELE

Nr.	Stationsbezeichnung	Beanspruchung	Material
1.	Ballgehen	Gleichgewicht	4 Medizinbälle, 4 Turnstäbe
2.	Balltransport	Geschicklichkeit	Medizinball, Markierungen
3.	Dachdecker	Geschicklichkeit, Gleichgewicht	Turnbank, 2 Gymnastik-, 2 Basket-, 2 Medizinbälle
4.	Dreieckindiaca	Bewegungsgenauigkeit	Indiaca, 3 Gymnastikreifen
5.	Dreier-Seilspringen	Gewandtheit	Sprungseil
6.	Dschungelpost	Geschicklichkeit, Kraft	Klettertaue, Spielerbänder, Turnbank
7.	Fischen	Geschicklichkeit	Sprungkasten, Turnbank, Turnmatten, verschiedene Bälle
8.	Gerätkontakt	Bewegungsphantasie, Kraft	Hochreck, Weichboden (Matten)
9.	Gesäßkegeln	Bewegungsgefühl, Kraft	Gymnastikkeule, Markierung
10.	Glockenläuten	Kraft	Gitterleitern, Ziehtau

11.	Hängebrücke	Gleichgewicht, Mut, Geschicklichkeit	Ziehtau, Weichboden, schwenkbare Sprossenwände
12.	Hänge-Torschuß	Bewegungsgefühl, Kraft	Turnstab, Ball, Kastenrahmen (Hürde)
13.	Hebekran	Geschicklichkeit, Gleichgewicht	Reck, Turnbank, Turnmatte (Sandsack), Mannschaftsschleife
14.	Hochwasser	Geschicklichkeit, Kraft	Turnleiter (waagrecht), Turnmatten
15.	Keulenbaseball	Bewegungsgenauigkeit	Gymnastikkeule, Bälle, 3 Turnmatten
16.	Kniehangschaukelball	Bewegungsgefühl, Kraft	Schaukelring, Bälle, Turnmatten
17.	Kugellager	Geschicklichkeit	Medizinbälle, Markierungen
18.	Kunstreiten	Gleichgewicht	Sprungkasten, Turnmatten, Medizinball
19.	Lianentransport	Geschicklichkeit, Kraft	Klettertaue, Turnbänke
20.	Mauerklettern	Koordination, Kraft	Sprungseil, Sprossenwand (geschwenkt), Niedersprungmatte (Weichboden)
21.	Mehrfüßler	Bewegungsphantasie	3 Turnmatten
22.	Notruf	Bewegungsphantasie	Boden
23.	Pedalokette	Gleichgewicht	3 Pedalos (vierrädrig)
24.	Pyramide	Gleichgewicht, Kraft	Sprossenwand, Klettertaue, Turnmatten

25. Reifenspringen	Gewandtheit	Gymnastikreifen, 2 Turnmatten
26. Reifenwurfball	Bewegungs- genauigkeit	2 Gymnastikreifen, Ball, Markierungen
27. Reifenzangenball	Geschicklichkeit	3 Gymnastikreifen, Ball
28. Sacktennis	Wurfgenauigkeit	Tennisbälle, Nylonsack (Jutesack)
29. Sänftentragen	Kraft	Turnbänke, Turnstäbe, Sprungkastenrahmen, Schaukelringe
30. Schaukel- Beinzielwurf	Bewegungsgefühl	Schaukelringe, 2 Turn- stäbe, Ball, Sprung- kasten
31. Schaukelfußball	Bewegungsgefühl, Bewegungs- genauigkeit	Schaukelringe, Sprung- seile, Bälle, Turn- matten, Sprungkasten (Hürde)
32. Schaukelköpfeln	Bewegungs- genauigkeit	Schaukelringe, Ball, Sprungkasten
33. Skibobstart	Schnelligkeit, Kraft	Mattenwagen, Matten, Markierungen
34. Schwungseilspringen	Geschicklichkeit	2 Sprungseile, Sprossenwand (Leiter)
35. Seilsprung-Zielwurf	Wurfgenauigkeit, Geschicklichkeit	2 Sprungseile, Sprung- kasten, 3 Dosen (Gym- nastikkeulen)
36. Seiltänzer	Gleichgewicht, Kraft	Turnstab
37. Siamesendrillinge	Gewandtheit	Sprungkastenrahmen, 2 Bälle

124

38.	Sklavenflucht	Beweglichkeit, Koordination	Sprungseile, Sprossenwand (geschwenkt), Turnmatten
39.	Tieflader	Geschicklichkeit, Kraft	3 Medizinbälle, Markierungen
40.	Trageklettern	Gewandtheit, Mut, Kraft	Hochreck, Turnmatten (Weichboden)
41.	Transportkette	Geschicklichkeit, Kraft	Hochreck, Bälle, 2 Sprungkästen
42.	Trapeznummer	Geschicklichkeit, Schwunggefühl, Kraft	Schaukelringe, Turnstäbe, Spielerbänder, Turnmatten
43.	Turnstab-Balltransport	Geschicklichkeit	3 Turnstäbe, Medizinball, Volleyball, Tennisball, Sprungkasten
44.	Wagenrennen	Geschicklichkeit	Sprungseil, Turnbank, Karton (Teppichfliese, Tuch)
45.	Zeitungsblasen	Koordination, Kraft	Turnleiter (waagrecht), gefaltete Zeitungen

*

Ballgehen

Ihr seid zu dritt und steht auf vier Medizinbällen. Jeder von Euch hat zur Unterstützung einen Turnstab in der Hand. Ihr sollt nun, ohne von den Bällen abzusteigen, eine bestimmte Wegstrecke zurücklegen. Eine Bodenberührung gilt als Fehler.

Ihr habt sechs Versuche. Alle Fehler werden zusammengezählt.

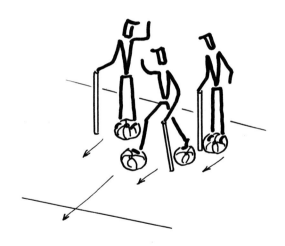

WERTUNG	**PUNKTE**
vier Fehler	**1**
zwei Fehler	**2**
kein Fehler	**3**

Balltransport

Ihr steht zu dritt im Kreis. Ihr sollt nun einen Medizinball so zwischen Euch einklemmen, daß er nicht zu Boden fällt und Ihr mit ihm eine bestimmte Strecke zurücklegen könnt. Die Hände dürfen nach dem Einklemmen nicht mehr zur Hilfe genommen werden.

◊ Fortbewegung Rücken gegen Rücken

◊ Fortbewegung Brust gegen Brust

◊ Fortbewegung Stirn gegen Stirn

Ihr habt in jeder Position drei Versuche.

WERTUNG	**PUNKTE**
Rückentransport gelingt	**1**
Brusttransport gelingt	**2**
Stirntransport gelingt	**3**

Dachdecker

Eine Turnbank ist ganz steil (vorletzte Sprosse) in einer Sprossenwand eingehakt (= Schrägdach). Ihr steht zu dritt auf dem Schrägdach und sichert einander. Auf dem Boden liegt »Werkzeug« (= je zwei Gymnastikbälle, Basketbälle und Medizinbälle), das Ihr – ohne abzustürzen – auf den Dachfirst (= letzte Sprosse) transportieren und dort ablegen sollt.

Wenn ein »Werkzeug« zu Boden fällt, ist es verloren.

Ihr habt drei Versuche.

WERTUNG	**PUNKTE**
2 Gymnastikbälle liegen oben	**1**
2 Gymnastik- und 2 Basketbälle liegen oben	**2**
alle Bälle liegen oben	**3**

Dreieck-Indiaca

Jeder von Euch steht in einem Gymnastikreifen. Die
Reifen werden in Form eines Dreieckes aufgelegt
(Abstand ca. zwei Meter).

Ihr sollt eine Indiaca von einem zum anderen weiter-
spielen, ohne daß sie zu Boden fällt und ohne daß Ihr
den Gymnastikreifen verlassen müßt.

Wie viele einwandfreie Kontakte schafft Ihr?

Zehn Durchgänge sind erlaubt.

WERTUNG	**PUNKTE**
ab 6 Kontakte	**1**
ab 9 Kontakte	**2**
ab 12 Kontake	**3**

Dreier-Seilspringen

Ihr steht zu dritt nebeneinander, die Hände gefaßt (oder die Arme eingehakt).

Die beiden Äußeren halten je ein Ende eines Sprungseiles in der Hand.

Könnt Ihr miteinander schnurspringen, ohne hängenzubleiben?

a) Das Seil wird vorwärts durchgeschwungen.

b) Das Seil wird vorwärts durchgeschwungen, aber der Mittlere steht verkehrt.

c) Das Seil wird rückwärts durchgeschwungen.

Ihr dürft jede Position dreimal versuchen.

WERTUNG	**PUNKTE**
In POSITION A gelingen 10 Sprünge hintereinander	**1**
In POSITION B gelingen 10 Sprünge hintereinander	**2**
In POSITION C gelingen 10 Sprünge hintereinander	**3**

130

Dschungelpost

A steht auf einem Sprungkastenkopf und hält ein Klettertau in den Händen. Auf dem Kastenkopf liegen viele
Spielerbänder.

A transportiert die »Post« (= ein Spielerband) weiter,
indem er mit dem Klettertau über den »Abgrund« pendelt
und auf einer Turnbank landet, auf der B wartet. A übergibt Tau und Band an B. Dieser pendelt von der Turnbank auf einen zweiten Sprungkastenkopf und legt das
Band dort ab. Dann steigt B auf den ersten Sprungkastenkopf zurück und übergibt das Tau an C, der dort wartet.
Dieser transportiert das nächste Band wieder zur Turnbank, wo es A übernimmt usw.

Es sollen innerhalb von 30 Sekunden möglichst viele
Spielerbänder vom ersten auf den zweiten Sprungkastenkopf transportiert werden.

WERTUNG	**PUNKTE**
ab 6 Spielerbänder	**1**
ab 8 Spielerbänder	**2**
ab 12 Spielerbänder	**3**

Fischen

Alle drei befinden sich auf einem Felsen im Fluß
(= Sprungkasten). In einem Wasserloch schwimmen
Fische (= verschieden große Bälle).

Ihr sollt die Fische, ohne ins Wasser zu stürzen, heraus-
holen. Die gefangenen Fische werden an Land geworfen
(= Turnhallenecke, die mit einer Turnbank abgegrenzt
wird).

Wie hoch ist die Ausbeute innerhalb einer Minute?

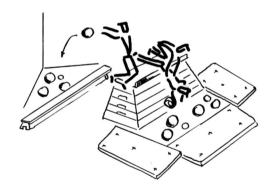

WERTUNG	**PUNKTE**
ab insgesamt 10 Fischen	**1**
ab insgesamt 15 Fischen	**2**
ab insgesamt 20 Fischen	**3**

Gerätkontakt

Ihr steht vor einem Hochreck, unter dem ein Weichboden liegt. Ihr sollt miteinander Körperkontakt haben und das Gerät nur mit den jeweils angegebenen Körperteilen berühren.

Ihr müßt diese Stellung mindestens drei Sekunden lang durchhalten.

WERTUNG	PUNKTE
Gerätkontakt mit 2 Händen und 2 Beinen	**1**
Gerätkontakt mit 2 Händen und 1 Bein	**2**
Gerätkontakt nur mit 2 Händen	**3**

Gesäßkegeln

Einer von Euch liegt auf dem Rücken, Arme und Beine hält er in die Höhe. Die anderen fassen ihn an je einem Arm und einem Bein. Sie pendeln ihn so hin und her, daß sie einen am Boden liegenden Medizinball treffen, der Ball wegrollt und einen in der Nähe aufgestellten Kegel umwirft.

Ihr dürft es mit jedem dreimal versuchen.

WERTUNG	**PUNKTE**
ab insgesamt 3 Treffer	**1**
ab insgesamt 5 Treffer	**2**
ab insgesamt 7 Treffer	**3**

Glockenläuten

Ein Ziehtau wird so quer über einen Gitterleiterbock gehängt, daß es außerhalb an den Seilenden erfaßt werden kann. In der Mitte (zwischen den Gitterleitern) soll das Ziehtau bis auf Reichhöhe herunterhängen.

Einer von Euch stellt sich in die Mitte zwischen die beiden Gitterleitern und hält sich am herunterhängenden Ziehtau fest. Die anderen zwei ergreifen außerhalb der Gitterleiter je ein Tauende und ziehen den in der Mitte Hängenden hoch. Dieser soll mit seinen Händen die Höhe bestimmter Markierungen erreichen.

Ihr habt sechs Versuche.

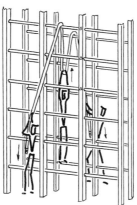

WERTUNG	**PUNKTE**
untere Markierung erreicht	1
mittlere Markierung erreicht	2
obere Markierung erreicht	3

135

Hängebrücke

Zwischen zwei geschwenkten Sprossenwänden ist ein Ziehtau doppelt durchgezogen und fest angeknotet (Seilmittenabstand ca. 75 cm). Unter dem Tau liegt ein Weichboden.

Alle drei sollen über die Hängebrücke von Sprossenwand zu Sprossenwand gelangen, ohne dabei in den »Abgrund« zu stürzen.

Ihr dürft es sechsmal versuchen.

WERTUNG	PUNKTE
es gelingt jedem alleine	**1**
es gelingt zweien miteinander und einem alleine	**2**
es gelingt allen dreien miteinander	**3**

Abb. rechts: SÄNFTENTRAGEN. Es geht nicht nur um das Tragen, sondern gleichzeitig um das fehlerfreie Überwinden von Hindernissen.

Hänge-Torschuß

Zwei von Euch halten einen Turnstab in Hüfthöhe (Schulterhöhe bzw. in Reichhöhe), auf den sich der dritte stützt (bzw. im Unterarmhang oder Langarmhang hängt). Dieser soll einen vor ihm liegenden Ball mit dem Fuß in ein Tor (z. B. Wandmarkierung, Gymnastikreifen, Kastenrahmen) hineinschießen.

In jeder Lage darf es jeder zweimal versuchen (insgesamt sind das 18 Versuche).

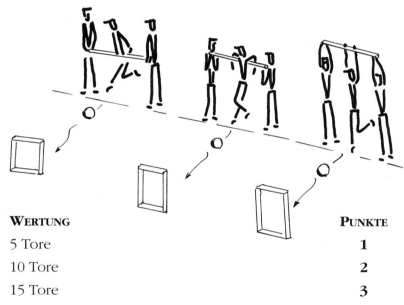

WERTUNG	PUNKTE
5 Tore	1
10 Tore	2
15 Tore	3

Abb. links: TRANSPORTKETTE. Lange können die Hägenden nicht durchhalten. Es gilt daher, rasch und geschickt zusammenzuarbeiten!

Hebekran

Der Hebekran (= Turnbank) wird auf einer kniehoch ein-
gestellten Reckstange aufgelegt. Einer von Euch wagt sich
auf den Kranarm hinaus, um einen Gegenstand (Schleife,
Sandsack...) aus dem Wasser (= Turnmatte) zu holen.
Die anderen zwei helfen durch Schieben und Belasten
des anderen Kranarms so mit, daß das Vorhaben gelingt.
Der vorgeschobene Kranarm darf das Wasser nicht
berühren.

Jeder darf es zweimal probieren.

WERTUNG	**PUNKTE**
einer schafft es	**1**
zwei schaffen es	**2**
alle drei schaffen es	**3**

140

Hochwasser

Ihr steht unter einer waagrecht gestellten Turnleiter, die
Ihr mit den Händen nicht mehr ganz erreichen könnt.
Das steigende Hochwasser zwingt Euch, hinaufzu-
flüchten.

WERTUNG	**PUNKTE**
einer ist oben	1
zwei sind oben	2
alle drei sind oben	3

Keulenbaseball

Drei Turnmatten werden in Dreieckform aufgelegt.

Jeder von Euch steht auf einer Turnmatte. Einer ist der »Schläger«. Er hält eine Gymnastikkeule in der Hand. Der zweite ist der »Werfer«. Er wirft dem Schläger den Ball zu. Der dritte ist der »Fänger«. Er soll den geschlagenen Ball auffangen. Keiner von Euch darf bei seiner Tätigkeit die Turnmatte verlassen. Drei verschieden große Bälle sollen geworfen, geschlagen und gefangen werden (Basketball, Gymnastikball, Tennisball).

Mit jeder Ballgröße habt Ihr drei Versuche.

WERTUNG	**PUNKTE**
Es gelingt einmal mit dem Basketball	**1**
Es gelingt einmal mit dem Gymnastikball	**2**
Es gelingt einmal mit dem Tennisball	**3**

Kniehangschaukelball

Die Schaukelringe werden ca. in Hüfthöhe gestellt und drei Matten daruntergelegt.

Einer von Euch, der »Artist«, begibt sich in den Kniehang an den Ringen. Die andern zwei knien in Gymnastikreifen, die auf die äußeren Mattenenden gelegt werden.

Einer der Äußeren hält einen Ball in den Händen. Der »Artist« soll durch Schaukeln im Kniehang den Ball erreichen, fassen, rückpendeln und am anderen Ende dem dritten übergeben (nicht werfen!).

Jeder von Euch darf es dreimal versuchen.

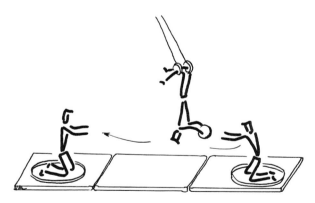

WERTUNG	**PUNKTE**
einer schafft es	**1**
zwei schaffen es	**2**
alle drei schaffen es	**3**

Kugellager

Ihr sollt einen von Euch mit Hilfe von untergelegten
Medizinbällen (= Kugellager) eine bestimmte Strecke
transportieren, ohne daß er dabei den Boden berührt.

WERTUNG	**PUNKTE**
einer schafft es	**1**
zwei schaffen es	**2**
alle drei schaffen es	**3**

Kunstreiten

Vor Euch liegt eine Turnmatte, dahinter befindet sich ein Kastenkopf und wieder eine Turnmatte.

Zwei von Euch spielen die Pferde. Sie knien nebeneinander in Bankstellung. Der dritte ist der Kunstreiter. Auf drei verschiedene Arten sollt Ihr den Parcours bewältigen.

Die Pferde kriechen jeweils auf allen vieren. Der Kunstreiter soll:

◊ sich anhalten
◊ frei stehen
◊ frei stehen und mit den Armen über dem Kopf einen Medizinball transportieren.

Jeder darf jede Position zweimal probieren.

WERTUNG	**PUNKTE**
alle schaffen es mit »sich anhalten«	1
zwei schaffen es mit »frei stehen«	2
einer schafft es mit dem Medizinball	3

Lianentransport

Zwei Partner stehen auf dem Knoten eines Klettertaues.
Sie versuchen, den dritten von einer Turnbank zu einer
anderen über den »Abgrund« zu transportieren, ohne daß
einer der drei dabei in den »Abgrund« stürzt (= den Boden
berührt).

Der Transportierte darf sich nur an den Partnern und
nicht an den Tauen festhalten.

Jeder darf es dreimal versuchen.

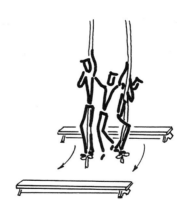

WERTUNG	**PUNKTE**
einer wird transportiert	**1**
zwei werden transportiert	**2**
alle drei werden transportiert	**3**

Mauerklettern

Eine Sprossenwand wird heruntergeklappt. Eine Niedersprungmatte (Weichboden) wird hochkant an die Sprossenwand angelehnt und mit Sprungseilen (oder Mannschaftsschleifen) an der Sprossenwand befestigt. Von der obersten Sprosse hängt ein Sprungseil herunter. Ihr sollt zu dritt das Hindernis überwinden und einander dabei helfen. Wer bereits oben ist, darf nur mehr von oben helfen.

Ihr habt sechs Versuche.

WERTUNG	**PUNKTE**
einer überwindet die Mauer	**1**
zwei überwinden die Mauer	**2**
alle drei überwinden die Mauer	**3**

Mehrfüßler

Ihr sollt zu dritt zwei hintereinander aufgelegte Matten auf verschiedene Weise überqueren. Dabei müßt Ihr untereinander Körperkontakt halten. Folgende Körperteile dürfen die Matten berühren:

◊ sechs Hände und zwei Knie (= Achtfüßler)

◊ vier Hände und zwei Knie (= Sechsfüßler)

◊ zwei Hände und zwei Füße (= Vierfüßler)

Ihr dürft jede Fortbewegungsart dreimal versuchen.

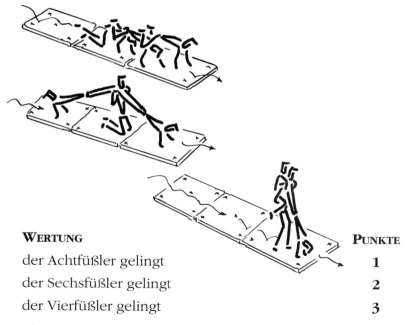

WERTUNG	PUNKTE
der Achtfüßler gelingt	1
der Sechsfüßler gelingt	2
der Vierfüßler gelingt	3

Notruf

Ihr habt Euch verlaufen und versucht nun, einen Notruf in den Schnee zu schreiben. Dabei müßt Ihr Euch so auf den Boden legen, daß die jeweiligen Buchstaben vom Flugzeug aus klar erkennbar sind. Alle drei müssen gemeinsam einen Buchstaben nach dem anderen bilden. Ihr habt dazu zwei Minuten Zeit.

Euer Notruf lautet: »Wir brauchen Essen«!

WERTUNG	PUNKTE
7 Buchstaben geschafft	1
14 Buchstaben geschafft	2
alle Buchstaben geschafft	3

Pedalokette

Jeder von Euch steht auf einem vierrädrigen Pedalo.

Ihr stellt Euch nebeneinander auf, reicht einander die Hände und bildet so eine Kette.

Im Vorwärtsfahren sollt Ihr eine bestimmte Strecke bewältigen, ohne abzusteigen und ohne die Handfassung zu lösen.

Ihr dürft es insgesamt sechsmal versuchen.

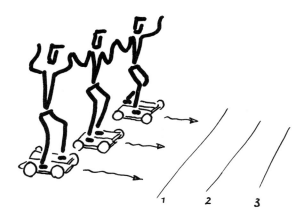

WERTUNG	**PUNKTE**
bis über die erste Markierung	**1**
bis über die zweite Markierung	**2**
bis über die dritte Markierung	**3**

Pyramide

Ihr sollt eine Pyramide aus Euren Körpern bauen, so daß einer von Euch mindestens drei Sekunden lang auf den Schultern der beiden anderen steht. Das Hinaufgelangen auf die Schultern der Partner darf verschieden erfolgen:

◊ mit Hilfe der Sprossenwand. Das Anhalten mit einer Hand an der Sprossenwand ist erlaubt.

◊ mit Hilfe eines Klettertaues. Eine Hand darf das Klettertau halten.

◊ hinaufgelangen und freies Stehen ohne Hilfsmittel!

Jeder darf jede Position zweimal versuchen.

WERTUNG	**PUNKTE**
alle schaffen es mit Hilfe der Sprossenwand	1
zwei schaffen es mit Hilfe des Klettertaues	2
einer schafft es ohne Hilfsmittel	3

Reifenspringen

Zwei von Euch stehen einander an Bodenmarkierungen gegenüber und rollen einen Gymnastikreifen zwischen zwei Turnmatten hin und her. Der dritte versucht, von der einen Turnmatte aus so durch den rollenden Gymnastikreifen zu springen (schlüpfen, hechten…), daß er diesen nicht berührt.

Jeder darf es zehnmal versuchen.

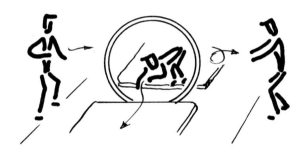

WERTUNG	**PUNKTE**
einer schafft es	**1**
zwei schaffen es	**2**
alle drei schaffen es	**3**

Reifenwurfball

Zwei von Euch stehen mit je einem Gymnastikreifen in der Hand in zwei bis drei Meter Abstand einander gegenüber.

Sie rollen die Reifen gleichzeitig möglichst knapp aneinander vorbei. Der dritte steht in vier bis fünf Meter Entfernung von den »Reifentreibern« mit einem Ball in der Hand. Er versucht, in dem Augenblick durch die Reifen zu treffen, in dem sie einander überdecken. Die Reifen dürfen dabei nicht getroffen werden.

Jeder darf fünf Würfe absolvieren.

WERTUNG	PUNKTE
zwei Treffer	1
vier Treffer	2
sechs Treffer	3

Reifenzangenball

Jeder von Euch nimmt einen Gymnastikreifen in die Hand. Ihr haltet die Reifen so aufeinander, daß in der Mitte eine kleine Ausnehmung (= Reifenzange) entsteht, in die man einen Volleyball hineinlegen kann.

Drei verschieden schwierige Aufgaben sind zu lösen.

◊ Der Ball soll durch Verschieben und Neigen der Reifen im Kreis herumlaufen, ohne auf den Boden zu fallen.
◊ Der Ball soll kurz hochgeworfen und mittels der ineinandergeschobenen Reifen wieder gefangen werden.
◊ Die Reifen werden weiter ineinandergeschoben, der Ball fällt dadurch zu Boden. Der hochprellende Ball soll durch Verschieben der Reifen wieder aufgefangen werden (schwierig!).

Ihr dürft jede Form fünfmal versuchen.

WERTUNG	**PUNKTE**
der Kreis wird geschafft	**1**
das Hochwerfen und Fangen wird geschafft	**2**
das Prellen und Wiederfangen wird geschafft	**3**

Abb. rechts: KLETTERSTANGENSTAFFEL. Ohne Kraft und gute Organisation geht es nicht.

154

Sacktennis

Zwei von Euch (die Fänger) halten einen Sack (Plastik, Jute, Stoff…) in beiden Händen. Der dritte steht in einiger Entfernung mit drei Tennisbällen an einer Markierung. Durch drei verschiedene Wurfarten soll mit dem Ball in den Sack getroffen werden. Die Fänger dürfen durch entsprechende Bewegungen mithelfen, den Sack aber dabei nicht auslassen und die Markierung nicht übertreten.

◊ Indirekt: Der Ball soll einmal auf dem Boden aufspringen, ehe er gefangen wird.
◊ Direkt: Der Ball soll über den Kopf geworfen und direkt aus der Luft gefangen werden.
◊ Direkt durch die gegrätschten Beine: Der Werfer steht mit dem Rücken zu den Fängern. Er wirft den Ball durch die gegrätschten Beine. Die Fänger sollen den Ball direkt aus der Luft fangen.

Jeder darf jede Wurfart 3 x versuchen (= max. 9 Punkte).

WERTUNG	PUNKTE
6 – 12 Treffer	1
13 – 18 Treffer	2
19 Treffer und mehr	3

Abb. links: KOPFBALLTRANSPORT. Jeder muß auf die anderen eingehen!

Sänftentragen

Zwei von Euch halten zwei Turnstäbe in Hüfthöhe
(= Sänfte). Der dritte sitzt auf den Turnstäben. Die Träger
sollen den Sitzenden über eine Hindernisstrecke tragen,
ohne ihn dabei abstellen zu müssen.

Die Hindernisstrecke besteht aus Schrägbank, Sprungkastenrahmen und einem waagrecht in Schaukelringe
eingelegten Turnstab, der überstiegen werden muß.

Jeder von Euch hat zwei Versuche auf der »Sänfte«.

WERTUNG	**PUNKTE**
einer bewältigt die Strecke	1
zwei bewältigen die Strecke	2
alle drei bewältigen die Strecke	3

Schaukel-Beinzielwurf

Durch die Ringe werden zwei Turnstäbe gesteckt. Einer von Euch setzt sich auf die Stäbe, die beiden anderen stellen sich rechts und links auf die Stabenden.

Ihr beginnt zu schaukeln. Der Sitzende versucht mit den Beinen einen Ball aufzunehmen, der vor Euch auf einem Sprungkasten liegt. Beim Rückschaukeln soll der Ball in einen Sprungkastenrahmen geworfen werden und darin liegen bleiben.

Jeder von Euch darf es dreimal versuchen.

WERTUNG	**PUNKTE**
insgesamt 2 Treffer	**1**
insgesamt 4 Treffer	**2**
insgesamt 6 Treffer	**3**

Schaukelfußball

Einer von Euch hängt an den Schaukelringen. Die Partner halten je ein Sprungseilende in den Händen. Das andere Ende der beiden Sprungseile ist an je einem Ring befestigt. In einiger Entfernung von den Ringen steht ein Sprungkastenkopf mit drei nebeneinander aufgelegten Bällen.

Der Hängende wird von seinen Partnern mit Hilfe der Sprungseile hin- und hergeschaukelt und soll mit dem Fuß die Bälle in ein Tor schießen (als Tore kann man Wandmarkierungen, Kastenrahmen oder Gymnastikreifen verwenden).

Jeder hat in jeder Position zwei Versuche.

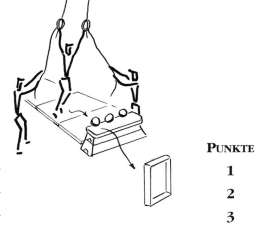

WERTUNG	**PUNKTE**
insgesamt 3 Treffer	1
insgesamt 6 Treffer	2
insgesamt 9 Treffer	3

Schaukelköpfeln

Zwei von Euch stehen einander gegenüber mit den Füßen in Schaukelringen (Ringe kniehoch), die Hände an den Seilen. Sie schaukeln hin und her. Der dritte steht mit einem Ball in der Hand vor einem offenen Sprungkasten, der quer zu den Schaukelringen steht. Er wirft den Ball den Schaukelnden so zu, daß ihn einer in den Sprungkasten hineinköpfeln kann.

Jeder von Euch darf zehnmal köpfeln.

WERTUNG	PUNKTE
einer schafft es	1
zwei schaffen es	2
alle drei schaffen es	3

Skibobstart

Ihr sollt von einer Markierung aus einen Skibob (= Mattenwagen mit mindestens fünf Matten) mit höchstens drei Schritten anschieben, rasch aufspringen und eine möglichst große Strecke zurücklegen.

WERTUNG	PUNKTE
Bobvorderkante erreicht die 1. Markierung	**1**
Bobvorderkante erreicht die 2. Markierung	**2**
Bobvorderkante erreicht die 3. Markierung	**3**

Schwungseilspringen

Zwei Sprungseile werden zusammengeknüpft und mit einem Ende in Hüfthöhe an einer Turnleiter (Sprossenwand) befestigt.

Einer von Euch hält das Ende des »Schwungseiles« in der Hand und dreht das Seil in einer Richtung durch. Die anderen zwei stehen neben dem »Schwungseil« und überspringen es bei jedem Durchschwingen.

Jeder darf jede Position zweimal versuchen.

WERTUNG	**PUNKTE**
ein Paar schafft 10 Sprünge	**1**
ein Paar schafft 20 Sprünge	**2**
ein Paar schafft 30 Sprünge	**3**

Seilsprung-Zielwurf

Zwei Sprungseile werden zu einem »Schwungseil« zusammengeknüpft.

Zwei von Euch fassen das »Schwungseil« an den Enden und schwingen es so durch, daß der dritte in der Mitte schnurspringen kann. Dieser versucht während des Springens, mit drei Bällen drei Dosen, die auf einem Sprunkasten stehen, herunterzuschießen.

Jeder von Euch hat drei Versuche. Es zählt die Gesamttrefferzahl.

WERTUNG	**PUNKTE**
3 – 4 Treffer	1
5 – 6 Treffer	2
7 – 9 Treffer	3

Seiltänzer

Zwei von Euch halten einen Turnstab in Hüfthöhe.

Der dritte soll darauf wenigstens zehn Sekunden lang völlig frei stehen.

Jeder darf es dreimal versuchen.

WERTUNG	PUNKTE
einer schafft es	**1**
zwei schaffen es	**2**
alle drei schaffen es	**3**

Siamesendrillinge

Alle drei stehen hinter/nebeneinander und halten zwei Bälle nur durch Körperdruck (die Hände dürfen nicht verwendet werden).

Ihr sollt über zwei Sprungkastenrahmen steigen, ohne dabei die Bälle zu verlieren.

◊ Vorwärtsgehen

◊ Rückwärtsgehen

◊ Seitwärtsgehen

Jede Position dürft Ihr dreimal versuchen.

WERTUNG	PUNKTE
Vorwärtsgehen	1
Rückwärtsgehen	2
Seitwärtsgehen	3

Sklavenflucht

Ihr seid zu dritt jeweils an den inneren Händen oder
(und) Füßen aneinandergefesselt. Bei Eurer Flucht taucht
als Hindernis eine herausgeklappte Sprossenwand auf.
Sie muß trotz der Fesselung überklettert werden.

◊ Ihr seid nur an den Händen gefesselt.

◊ Ihr seid nur an den Füßen gefesselt.

◊ Ihr seid an Händen und Füßen gefesselt.

WERTUNG	**PUNKTE**
Überklettern mit Handfesselung	1
Überklettern mit Fußfesselung	2
Überklettern mit Hand- und Fußfesselung	3

Tieflader

Einer von Euch legt sich auf den Rücken. Die beiden anderen beladen ihn mit Medizinbällen und fassen ihn an den Händen und Füßen. In dieser Stellung sollt Ihr ihn eine bestimmte Wegstrecke transportieren, ohne dabei die Bälle zu verlieren.

Ihr habt sechs Versuche.

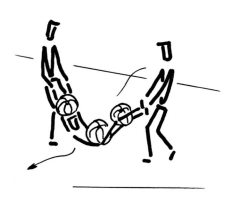

WERTUNG	PUNKTE
ein Ball wird transportiert	**1**
zwei Bälle werden transportiert	**2**
drei Bälle werden transportiert	**3**

168

Trageklettern

Zwei von Euch tragen den dritten über eine Matte zum Hochreck. Dieser muß versuchen, mit Eurer Hilfe über das Hochreck zu gelangen. Auf der anderen Seite wird er von Euch wieder in Empfang genommen und weggetragen.

Jeder darf es zweimal versuchen. Bei einer Bodenberührung ist der Versuch ungültig.

WERTUNG	**PUNKTE**
einem gelingt es zweimal	**1**
zweien gelingt es zweimal	**2**
allen dreien gelingt es zweimal	**3**

Transportkette

Ihr hängt alle drei nebeneinander auf einem Hochreck. Rechts und links der Reckständer stehen Sprungkästen. Auf einem Kasten liegen sechs Bälle.

Ihr sollt versuchen, die Bälle nur mit Hilfe der Beine von einer Seite zur anderen zu transportieren. Die Bälle müssen aber auf dem anderen Sprungkasten liegenbleiben!

Ihr dürft es dreimal versuchen.

WERTUNG	**PUNKTE**
1 Ball	**1**
3 Bälle	**2**
6 Bälle	**3**

Trapeznummer

Schaukelringe werden in Brusthöhe gestellt und Matten daruntergelegt. Zwei Turnstäbe werden in die Ringe eingelegt und mit Mannschaftsschleifen daran festgeknüpft. Zwei von Euch stehen rechts und links außerhalb der Ringe auf den Turnstabenden. Der dritte (= Artist) befindet sich auf dem »Trapez«, das von den äußeren ins Schaukeln gebracht wird. Die Pendelweite ist durch Mattenmarkierungen festgelegt. Drei verschieden schwierige Nummern sollen einstudiert werden. Ausgangspunkt und Endposition ist immer der Sitz auf dem »Trapez«. Ist die Pendelweite erreicht, beginnt die eigentliche Nummer.

◊ In den Stütz gelangen.
◊ In den Knieliegehang gelangen.
◊ In die Standwaage gelangen.

Jeder darf jede Nummer dreimal versuchen.

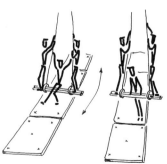

WERTUNG	PUNKTE
Alle gelangen in den Stütz	1
Zwei gelangen in den Knieliegehang	2
Einer gelangt in die Standwaage	3

Turnstab-Balltransport

Jeder von Euch hat einen Turnstab. Vor Euch liegen verschiedene Bälle (Medizinball, Volleyball, Tennisball). Nur mit Hilfe der Turnstäbe sollt Ihr gemeinsam die Bälle aufheben und in einen nebenstehenden offenen Sprungkasten hineinbefördern.

Ihr habt mit jedem Ball zwei Versuche.

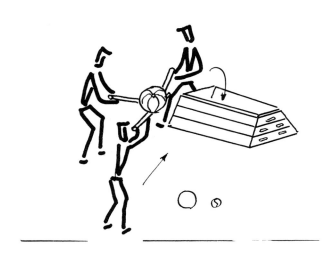

WERTUNG	PUNKTE
ein Balltransport gelingt	1
zwei Balltransporte gelingen	2
drei Balltransporte gelingen	3

172

Wagenrennen

Einer von Euch, der »Wagenlenker«, sitzt auf einem Tuch
(Teppichfliese). Er faßt mit den Händen den Mittelteil
eines Sprungseiles, dessen Enden die Kameraden halten.
Sie ziehen den »Wagen« rund um eine Turnbank. Jeder
darf sich einmal als Wagenlenker versuchen. Wie viele
Runden schafft der beste Wagenlenker innerhalb einer
Minute (es zählen nur ganze Runden)?

WERTUNG	**PUNKTE**
eine Runde	1
zwei Runden	2
drei Runden	3

Zeitungsblasen

Ihr steht unter einer waagrecht gestellten Turnleiter. Über je zwei Sprossen der Turnleiter werden zusammengefaltete Zeitungsblätter gelegt. Zwei von Euch fassen den dritten und heben ihn so hoch, daß er mit dem Mund nahe an die Zeitungen herankommt. In dieser Stellung soll er möglichst viele Zeitungsblätter herunterblasen.

Jeder von Euch darf es einmal versuchen. Er hat für seinen Versuch eine halbe Minute Zeit.

WERTUNG	PUNKTE
alle schaffen zwei Zeitungsblätter	1
zwei schaffen vier Zeitungsblätter	2
einer schafft sechs Zeitungsblätter	3

VIERERGRUPPE

Spezifische Überlegungen

◊ DIE VIERERGRUPPE
Von der Struktur her ergeben sich bei der Vierergruppe im Prinzip mehrere Möglichkeiten: die paarweise Aufstellung im Viereck (Quadrat), bzw. gegenüber; eine Anordnung nebeneinander zu viert oder auch hintereinander.
Für die Vierergruppe gute Spielstationen zu erfinden, war bisher am schwierigsten, daher gibt es auch nur 24 Spielvorschläge.

◊ GRUPPENZUSAMMENSTELLUNG
Um die Vierergruppen zu bilden, sind mehrere Verfahren möglich:

a) *Ein Zusammenfinden nach freier Wahl*
Das Problem dabei ist, daß die Leistungsstarken einander wählen und eine Abwicklung in Wettkampfform sich erübrigt. Ein freies Spielen an den Stationen ist natürlich dennoch möglich.
b) *Die Zusammenstellung der Gruppen erfolgt durch den Spielleiter,* der die Leistungsfähigkeit der einzelnen Spieler abschätzen kann und berücksichtigt. So sind die Chancen gleichmäßig verteilt.
c) *Den Zufall Regie führen lassen*
Jeder Teilnehmer zieht seine Gruppenkarte. Es sind immer vier gleiche Karten (Symbole) vorhanden.

◊ BEWERTUNGSMODUS UND ZEITAUFWAND
Das bewährte Schema mit den drei Schwierigkeitsgraden und maximal drei erreichbaren Punkten wurde beibehalten.

175

Der Zeitaufwand ist bei allen Stationen (siehe Wiederholungs-zahlen) etwa gleich hoch.

◊ AUF- UND ABBAU DER STATIONEN

Die Vierergruppe ist groß genug, um einen raschen Gerätetrans-port zu gewährleisten. Man kann jeder Gruppe den Aufbau von zwei (mehreren) Spielstationen übertragen. Es ist nämlich gün-stig, einige Stationen mehr aufzubauen, als es Gruppen gibt, damit es beim Spielen zu keinen unnötigen Wartezeiten kommt. Genaueres über den Materialbedarf entnehmen die Spieler den bereits aufgestellten Stationstafeln.

In einer normalen Sporthalle haben zehn Spielstationen leicht Platz. Damit können 40 (oder 80) Personen gleichzeitig beschäf-tigt werden. Wenn man pro Station mit 4 Minuten Spielzeit rech-net, dauert der ganze Durchgang samt Aufbau und Abbau etwa eine Unterrichtsstunde!

◊ STATIONSBELIEBTHEIT UND STATIONSAUSWAHL

Besonderen Anklang finden: das Riesentrapez, der Trapezziel-wurf, der Viererbob und der Rollbrett-Transport. Diese Stationen sollten nach Möglichkeit eingeplant werden.

Für eine weitere Stationsauswahl ist eine gute Oberkörperbela-stung sinnvoll, wie sie beim Wanderklettern oder bei der Kletter-stangenstaffel gegeben ist.

Es folgt nun wieder die Übersichtsliste und die einzelnen Spiel-stationen.

*

Vierergruppe

13. Medizinballgehen	Gleichgewicht	2 Medizinbälle, Markierungen
14. Pedalotransport	Gleichgewicht	2 Doppelpedalos, Bälle, Handtuch
15. Rahmenbalancieren	Gleichgewicht	Sprungkastenrahmen, Gymnastikreifen
16. Reifenball	Geschicklichkeit	2 Gymnastikreifen, 2 Bälle
17. Riesentrapez	Gleichgewicht, Kraft	Schaukelringe, Weichboden, 4 Turnstäbe, Mannschaftsschleifen, Turnbank
18. Rollbrett-Transport	Geschicklichkeit	Kastenrahmen, Bälle, Rollbretter
19. Stabwechseln	Geschicklichkeit	4 Turnstäbe
20. Tausendfüßler	Kraft	Markierungen
21. Trapez-Zielwurf	Wurfgenauigkeit	Mannschaftsschleifen, Schaukelringe, Tennisbälle, 4 Turnstäbe, Turnbank, Weichboden
22. Viererbob	Geschicklichkeit	Weichbodenwagen, Markierungen
23. Wagenrennen	Gleichgewicht, Kraft	Markierungen
24. Wanderklettern	Kraft	4 Kletterstangen

Ballpassen

Jeder von Euch steht mit einem Ball in der Hand im Eck eines Quadrates (Abstand ca. drei Meter).

Ihr sollt die Bälle in verschiedener Weise einander zuspielen.

◊ Die Bälle werden im Uhrzeigersinn gleichzeitig und direkt weitergespielt. Drei fehlerfreie Runden zählen.

◊ Zwei Bälle werden direkt und zwei Bälle mit Bodenkontakt (indirekt) im Uhrzeigersinn weitergespielt. Drei fehlerfreie Runden zählen.

◊ Die Bälle werden diagonal zugespielt. Zwei Bälle unterhalb mit Bodenkontakt, zwei Bälle direkt durch die Luft. Drei fehlerfreie Ballwechsel zählen.

Ihr dürft jede Form dreimal versuchen.

WERTUNG	PUNKTE
drei Runden direkt	1
drei Runden direkt und indirekt	2
drei Ballwechsel – kreuzweise	3

Doppel-Schwungseil

Zwei von Euch halten die Enden eines Schwungseiles.

Während das Seil geschwungen wird, springen die anderen zwei über das Seil, ohne hängen zu bleiben. Nun wird ein zweites Schwungseil dazugenommen. Es wird so geschwungen, daß es sich genau am höchsten Punkt befindet, wenn das erste Seil den tiefsten Punkt erreicht hat. Die beiden anderen versuchen, von einer Seite auf die andere zu laufen, ohne die Seile zu berühren.

Wenn das gelungen ist, soll einer so zwischen die Seile hineinlaufen, daß er mindestens eines davon überspringen kann.

Ihr könnt jede Form fünfmal versuchen.

WERTUNG	**PUNKTE**
1 Seil und 5 Sprünge	1
2 Seile zweimal durchlaufen	2
2 Seile und 1 Sprung	3

180

Engstelle

Zwei Turnbänke werden in einiger Entfernung parallel zueinander aufgestellt. Eine dritte Turnbank wird im rechten Winkel dazu und mit der Sitzfläche nach unten über die beiden Bänke gelegt.

Auf jedem Ende der umgedrehten Bank stehen je zwei Wettkämpfer. Ihre inneren Knöchel sind mit einem Sprungseil verbunden. Die beiden Paare sollen versuchen, die Bank zu überqueren und dabei aneinander vorbeizukommen, ohne absteigen zu müssen.

Ihr habt drei Versuche.

WERTUNG	**PUNKTE**
zwei müssen absteigen	**1**
einer muß absteigen	**2**
keiner muß absteigen	**3**

Gerätkontakt

Ihr steht zu viert vor einem Hochreck, unter dem sich ein Weichboden befindet.

Ihr sollt Euch nun so an das Reck hängen, daß Ihr dabei Körperkontakt habt, drei Sekunden frei hängen könnt und nur mit den angegebenen Körperteilen das Reck berührt.

Ihr habt insgesamt sechs Versuche.

WERTUNG	PUNKTE
vier Beine und zwei Hände	1
drei Beine und zwei Hände	2
zwei Beine und zwei Hände	3

Kanonenschuß

Einer von Euch legt sich auf den Rücken und zieht beide Beine an (er ist die »Kanone«). Ein anderer setzt sich auf die Fußsohlen der »Kanone« (er ist das »Geschoß«). Die übrigen zwei stehen rechts und links vom »Geschoß« und fassen es im Stützgriff unter den Armen.

Auf ein gemeinsames Kommando streckt die »Kanone« die Beine, das »Geschoß« springt gleichzeitig vom Boden ab und wird von den Helfern während des Fluges unterstützt. Das Geschoß landet in einem Weichboden, der mit Markierungen versehen ist. Danach erfolgt Positionswechsel.

Jeder hat zwei Versuche als Geschoß.

Die größte erzielte Weite zählt.

WERTUNG	PUNKTE
Landung nach der ersten Markierung	1
Landung nach der zweiten Markierung	2
Landung nach der dritten Markierung	3

Klammeraffe

Ihr steht vor einem Turnbock, der von Turnmatten umgeben ist.

Alle vier sollen sich irgendwie an den Bock klammern, ohne mit einem Körperteil den Boden zu berühren.

Vielleicht schafft Ihr es noch, mit einer Hand zu winken.

Ihr sollt die Position mindestens zehn Sekunden lang halten.

Ihr dürft es fünfmal versuchen.

WERTUNG	PUNKTE
alle vier klammern sich fest	1
zwei winken mit einer Hand	2
alle vier winken mit einer Hand	3

Kletterstangenstaffel

Ihr steht vor den Kletterstangen. Auf einer Stange ist hoch oben ein Papierkorb befestigt.

Ihr sollt nun so an den Stangen hochklettern, daß Ihr eine Kette bildet, bei der jeder dem nächsthöheren Tennisbälle weiterreichen kann.

Der unterste nimmt die Bälle aus einem am Boden stehenden Papierkorb und reicht sie dem zweiten hinauf, der an der Stange hängt. Dieser gibt sie dem dritten weiter, und der vierte legt sie in den oben befestigten Korb.

Bälle, die zu Boden fallen, gelten als verloren.

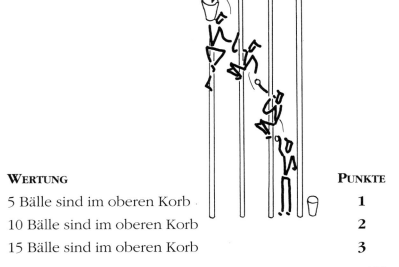

WERTUNG	PUNKTE
5 Bälle sind im oberen Korb	1
10 Bälle sind im oberen Korb	2
15 Bälle sind im oberen Korb	3

Kopfballtransport

Ihr hebt einen auf dem Boden liegenden Medizinball
(Basketball) zu viert, nur mit Hilfe Eurer Köpfe auf und
transportiert ihn über eine vorgegebene Hindernisbahn
(z. B. Kastenrahmen).

Wenn der Ball zu Boden fällt, müßt Ihr von vorne beginnen.

Ihr habt insgesamt fünf Versuche.

WERTUNG	PUNKTE
das Ballaufheben gelingt	1
der Balltransport gelingt bis über das 1. Hindernis	2
der Balltransport gelingt bis über das 2. Hindernis	3

Lianenkette

Jeder von Euch hängt an einem Klettertau. Auf beiden Seiten der Taue steht je ein Sprungkasten.

Ihr sollt drei verschieden große Bälle (Tennisball, Gymnastikball, Medizinball), die auf dem einen Kasten liegen, zum anderen Kasten hinübertransportieren.

Dabei dürft Ihr die Taue nicht verlassen und die Bälle nicht auf den Boden fallen lassen.

Mit jedem Ball dürft Ihr es dreimal probieren.

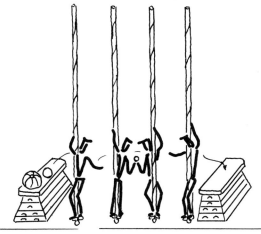

WERTUNG	PUNKTE
der Tennisballtransport gelingt	1
der Gymnastikballtransport gelingt	2
der Medizinballtransport gelingt	3

Liegestütz-Balltransport

Jeder von Euch steckt mit den Füßen in einem Schaukelring, der bis knapp über den Boden heruntergelassen wurde (man kann auch Mannschaftsschleifen an den Ringen befestigen). Mit den Händen stützt Ihr Euch am Boden auf (Liegestütz).

Auf jeder Seite der Ringe stehen in einiger Entfernung zwei Sprungkastenrahmen.

In zwei der Rahmen liegen je zehn Tennisbälle, die anderen beiden Rahmen sind leer. Ihr sollt möglichst viele Tennisbälle (einzeln) in die leeren Kastenrahmen hinübertransportieren und habt dazu eine halbe Minute Zeit.

Ihr dürft es dreimal probieren.

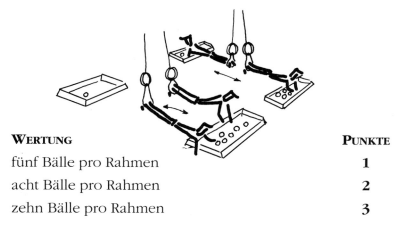

WERTUNG	**PUNKTE**
fünf Bälle pro Rahmen	**1**
acht Bälle pro Rahmen	**2**
zehn Bälle pro Rahmen	**3**

Abb. rechts: MATTENWENDEN. Es geht um ein kluges, koordiniertes Zusammenspielen in der Vierergruppe.

188

Luftballon-Schnurball

Ihr steht paarweise rechts und links vor einem in Schulterhöhe gestellten Reck. Jedes Paar hat zwei Sprungseile, die gespannt werden, in den Händen.

Ihr sollt einen Lufballon mit Hilfe der gespannten Seile über die Reckstange hin- und herspielen. Wenn der Luftballon den Boden berührt, ist der Versuch ungültig, und es wird wieder von vorne zu zählen begonnen.

Ihr habt insgesamt sechs Versuche.

WERTUNG	PUNKTE
einmal hin und her	1
dreimal hin und her	2
sechsmal hin und her	3

Abb. links: PEDALOTRANSPORT. Das miteinander Gleichgewicht-Halten und dabei Vorwärtskommen ist nicht so einfach.

Mattenwenden

Zwischen zwei herausgeklappten Sprossenwandfeldern
wird eine Turnmatte aufgelegt. An den vier Mattenschlau-
fen wird je ein Sprungseil befestigt. Jeder von Euch klettert auf ein Sprossenwandfeld und hält dabei ein Seilende
in der Hand. Ein auf der Matte liegender Ball soll in einen
offenen Sprungkasten hineingerollt werden (Tennisball,
Medizinball).

Dann soll die Matte einmal umgedreht werden, ohne daß
die Kletterer dabei den Boden berühren.

Ihr habt für jeden Schwierigkeitsgrad drei Versuche.

WERTUNG	**PUNKTE**
der Tennisballtransport gelingt	1
der Medizinballtransport gelingt	2
das Mattenwenden gelingt	3

Medizinballgehen

Zwei von Euch stehen auf je einem großen Medizinball
und halten die inneren Hände gefaßt. An ihren äußeren
Armen werden sie von zwei mitgehenden Helfern unterstützt. Alle vier sollen in ständigem Kontakt miteinander
eine bestimmte Strecke zurücklegen, ohne daß einer vom
Medizinball steigen muß.

Ihr dürft es dreimal versuchen.

WERTUNG	PUNKTE
bis zur ersten Markierung	1
bis zur zweiten Markierung	2
bis zur dritten Markierung	3

Pedalotransport

Je zwei von Euch stehen hintereinander auf einem Doppelpedalo. Die beiden Pedalos stehen nebeneinander.

Jeder von Euch nimmt sich den Zipfel eines Handtuches, in dem drei Gymnastikbälle liegen, in die Hand.

Die Gruppe soll sich gemeinsam vorwärtsbewegen, ohne vom Pedalo abzusteigen und ohne einen Ball aus dem Handtuch zu verlieren.

Ihr dürft es dreimal versuchen.

WERTUNG	**PUNKTE**
bis zur ersten Markierung	**1**
bis zur zweiten Markierung	**2**
bis zur dritten Markierung	**3**

Rahmenbalancieren

Jeder von Euch steht (»über Eck«) auf einem Sprungkastenrahmen. Ihr haltet Euch an einem Gymnastikreifen
an und sollt jeweils drei Runden auf dem Rahmen, ohne
abzusteigen, in verschiedener Art und Weise balancieren.

◊ Ihr haltet den Gymnastikreifen hinter dem Nacken.

◊ Gymnastikreifen in Hochhalte, Blick nach innen
  (Innenstirnkreis).

◊ Gymnastikreifen in Hochhalte, Blick nach außen
  (Außenstirnkreis).

Ihr dürft jede Form dreimal versuchen.

WERTUNG	PUNKTE
Nackenfassung	1
Innenstirnkreis	2
Außenstirnkreis	3

Reifenball

Ihr stellt Euch paarweise gegenüber auf. Ein Paar hat einen Gymnastikreifen, das andere Paar einen Gymnastikball. Die Handgeräte sollen auf verschiedene Art und Weise gewechselt werden.

◊ Der Gymnastikreifen wird gerollt, während der Ball durch den rollenden Reifen geworfen werden soll.
◊ Wie vorher, nur muß der geworfene Ball vom Partner auch gefangen werden.
◊ Der Gymnastikreifen wird ebenfalls zugeworfen und der Ball durch den fliegenden Reifen hindurch zugespielt und gefangen.

Ihr dürft jede Schwierigkeitsstufe dreimal versuchen.

WERTUNG	**PUNKTE**
die erste Schwierigkeitsstufe wird geschafft	**1**
die zweite Schwierigkeitsstufe wird geschafft	**2**
die dritte Schwierigkeitsstufe wird geschafft	**3**

Riesentrapez

Zwischen zwei Schaukelringpaaren wird mit Hilfe von vier Turnstäben und Mannschaftsschleifen (Sprungschnüren) eine Turnbank horizontal und sicher befestigt und ungefähr auf Schulterhöhe hochgezogen (= Riesentrapez). Unter dem Riesentrapez liegt ein Weichboden.

Auf ein Zeichen sollen alle vier versuchen, das Riesentrapez möglichst rasch zu erklettern und auf der Turnbankfläche aufrecht zu stehen. Ein Anhalten an den Seilen und gegenseitig ist erlaubt. Wie rasch schafft Ihr es?

Ihr habt insgesamt drei Versuche.

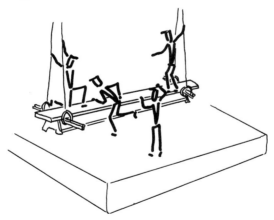

WERTUNG	**PUNKTE**
Ihr schafft es unter 30 Sekunden	**1**
Ihr schafft es unter 20 Sekunden	**2**
Ihr schafft es unter 15 Sekunden	**3**

Rollbrett-Transport

Je zwei von Euch bilden ein »Gespann«. Der »Fahrer« sitzt dabei auf dem Rollbrett, das »Pferd« stützt sich mit den Händen auf dem Fußboden ab und hat die Füße auf dem Rollbrett (Liegestütz).

Jedes Gespann soll möglichst viele Tennisbälle aus einem Papierkorb in einen anderen hinübertransportieren. Nur der Fahrer darf jeweils einen Ball aus dem Papierkorb nehmen und mittels »Pferd« und »Wagen« zum anderen Papierkorb hinübertransportieren. Wie viele Bälle schafft Ihr in einer Minute?

Ihr dürft es zweimal versuchen.

WERTUNG	PUNKTE
acht Bälle	1
zwölf Bälle	2
16 Bälle	3

Stabwechseln

Ihr stellt Euch paarweise gegenüber auf (Quadrat).

Jeder von Euch hält einen Turnstab in der Hand, der auf den Fußboden aufgestellt wird. Auf ein Zeichen läßt jeder seinen Stab aus und versucht, auf verschiedene Art und Weise den eines anderen zu ergreifen, ohne daß der Stab umfällt.

◊ Den Stab zur Rechten ergreifen.

◊ Paarweise gegenüber den Stab wechseln.

◊ Kreuzweise durch die Mitte wechseln. (Vorsicht, klug aufstellen!)

Ihr dürft jeden Schwierigkeitsgrad fünfmal versuchen.

WERTUNG	PUNKTE
der Wechsel nach rechts gelingt	1
der paarweise Wechsel gelingt	2
der kreuzweise Wechsel gelingt	3

Tausendfüßler

Einer von Euch befindet sich in Bankstellung. Ein anderer legt seine Füße auf die Schultern des Knienden und stützt sich mit seinen Händen auf dem Boden ab (Liegestütz).

Der dritte und der vierte schließen in gleicher Weise vorne an. In dieser Stellung sollt Ihr eine bestimmte Strecke zurücklegen, ohne daß einer absteigen muß.

Ihr dürft es fünfmal probieren.

WERTUNG	**PUNKTE**
eine Mattenlänge	**1**
zwei Mattenlängen	**2**
drei Mattenlängen	**3**

Trapez-Zielwurf

Zwischen zwei Schaukelringpaaren wird mit Hilfe von vier Turnstäben und Mannschaftsschleifen (Sprungschnüren) eine Turnbank horizontal und sicher befestigt. Die Bank wird auf Brusthöhe hochgezogen.

Zwei von Euch setzen sich mit je drei Tennisbällen in der Hand in die Bankmitte. Die anderen zwei stehen auf der Bank mit Griff an den Schaukelringseilen. Sie bringen das Trapez zum Schaukeln. Während des Schaukelns sollen die Sitzenden mit den Bällen drei Dosen (Gymnastik-Keulen) treffen, die auf einem Sprungkasten in einiger Entfernung stehen.

Ihr habt drei Versuche, dann erfolgt Rollentausch.

Es zählen die Treffer des besten Durchganges.

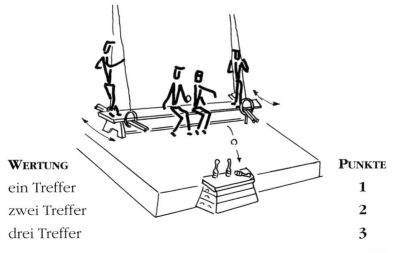

WERTUNG	PUNKTE
ein Treffer	1
zwei Treffer	2
drei Treffer	3

Viererbob

Jeder von Euch steht an einem Eck eines Weichboden-
wagens. Ihr habt eine zwei Meter lange Anschiebestrecke
zur Verfügung, dann müssen alle in dem »Bob« sitzen.

Wie weit könnt Ihr nach dem kurzen Anschieben
ausrollen?

Ihr dürft es fünfmal versuchen.

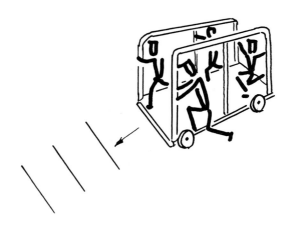

WERTUNG	PUNKTE
bis zur ersten Markierung	1
bis zur zweiten Markierung	2
bis zur dritten Markierung	3

Wagenrennen

Zwei von Euch befinden sich nebeneinander in Bankstellung. Der dritte legt seine Füße auf ihre inneren Schultern und stützt sich mit den Händen auf dem Boden ab (Liegestütz).

Der vierte (Wagenlenker) sitzt (kniet, steht) auf dem Rücken der beiden, die sich in Bankstellung befinden. Der ganze »Wagen« soll eine vorgegebene Strecke zurücklegen, ohne daß der Wagenlenker dabei absteigen muß.

Ihr dürft jeden Schwierigkeitsgrad dreimal versuchen.

WERTUNG	PUNKTE
Strecke im Sitzen bewältigt	1
Strecke im Knien bewältigt	2
Strecke im Stehen bewältigt	3

Wanderklettern

Jeder von Euch hängt an einer Kletterstange (die Kletterstangen sollen im Quadrat oder Viereck angeordnet sein).

Ihr sollt nun in verschiedenen Schwierigkeitsgraden wanderklettern.

◊ Nach links hin eine ganze Runde bis zur »eigenen« Stange zurück.

◊ Viermal paarweise nebeneinander den Platz tauschen.

◊ Viermal kreuzweise über die Mitte den Platz tauschen.

Ihr dürft jede Schwierigkeit zweimal versuchen.

WERTUNG	**PUNKTE**
eine Runde gelingt	**1**
viermal paarweise gelingt	**2**
viermal kreuzweise gelingt	**3**

ZWEI GEGEN ZWEI

Spezifische Überlegungen

Die organisatorische Grundstruktur der Abenteuer-Spielstunde »Stationsbetrieb mit Geschicklichkeitsaufgaben« ermöglicht eine Fülle sinnvoller Variationen.

Die Spielstationen »Zwei gegen zwei« sind eine solche neue, aber bereits mehrfach erfolgreich erprobte Möglichkeit. Im etablierten Sportbetrieb ist diese Situation immer wieder anzutreffen, so z.B. bei Tennis, Tischtennis, Badminton, Paarlaufen, Rudern, Segeln usw. Je zwei Paare wechseln von Station zu Station. Sie werden bei jeder Station mit neuen, interessanten Aufgaben konfrontiert. Die spezifischen Möglichkeiten und Probleme, die sich aus der Grundidee »Zwei gegen zwei« ergeben, sind:

◊ DIE PAARWAHL

Sie ist wie bei den Partner-Spielstationen und den Zweikampfstationen ein entscheidender Punkt. Es bieten sich folgende Lösungen an:

a) Freie Partnerwahl und freie Paarwahl. Eine vorherige Information darüber, daß beide Paare ungefähr gleiche Voraussetzungen mitbringen sollen (Größe, Gewicht, Kraft...) ist unbedingt nötig!

b) Zuordnung des Partners und des anderen Paares. Wenn der Leiter die Gruppe gut kennt, ist ein Zuordnen von Wettkämpfern gleicher Leistungsstärke möglich und zu empfehlen.

c) Kombination von a) und b). Eine Kombination der freien Partner- und Paarwahl mit einer eventuellen Korrektur durch den Leiter (bei offensichtlich großen Ungleichheiten) wird wahrscheinlich am günstigsten sein.

◊ DER BEWERTUNGSMODUS

Er sollte so einfach wie nur möglich gehalten werden. Eine Übernahme des Bewertungsmodus, der bei vielen Spielen üblich ist, hat sich bewährt.

Für einen Sieg gibt es zwei Punkte.
Ein Unentschieden bringt einen Punkt.
Eine Niederlage (oder Aufgabe) bringt keinen Punkt.
Das ergibt auch rechnerisch den geringsten Aufwand!

◊ DER ZEITAUFWAND PRO STATION

Wichtig ist es, die Anzahl der Durchgänge bzw. Wiederholungen bei jeder Station so abzustimmen, daß auch ein »Unentschieden« möglich ist (das heißt: zwei, vier, sechs oder acht Versuche, je nach Station).

Die Anzahl der Versuche ist wiederum von der voraussichtlichen Dauer eines Versuches abhängig, um die Zeiten, die pro Station benötigt werden, annähernd gleich zu halten! Sonst gibt es im Verlauf der Stunde mit dem Stationswechsel ständig Probleme (Wartezeiten), weil z. B. eine Station zuviel Zeit beansprucht. Der Aufbau von zwei gleichartigen Stationen parallel kann dieses Problem aus der Welt schaffen!

◊ DER AUF- UND ABBAU DER STATIONEN

Er kann sehr rasch erfolgen, da je vier pro Station zusammenhelfen. Die jeweilige Tafel mit der Stationsnummer und der Aufgabenstellung wird an den Platz hingestellt (gelegt, gehängt), an dem die Station aufgebaut werden soll.

Die zwei Paare setzen sich zur Tafel, lesen die Beschreibung und beginnen mit dem Aufbau bzw. mit dem Herbeiholen der feh-

Abb. rechts: BARRENKEGELN. Kraft, Geschicklichkeit und Gleichgewicht sind hier gefordert.

lenden Geräte und sonstiger Requisiten. Der Übungsleiter hat eine Turnhallenskizze hergestellt, aus der die Plazierung der Stationen (Abstände, Richtungen…) ersichtlich ist. Er kontrolliert den ordnungsgemäßen Aufbau. Sondergeräte werden von ihm vorher bereitgestellt, die Skizze an der Wand angeschlagen. Es ist sinnvoll, die »Wettkämpfe« erst beginnen zu lassen, wenn auch die letzte Station fertig aufgebaut ist. Sehr zu empfehlen ist es auch, die Stationen von den selben Leuten wieder abbauen zu lassen, da diese wissen, wo sie die Geräte hergeholt haben und damit auch wieder an den gleichen Platz zurückstellen!

◊ DIE STATIONSAUSWAHL

Sie soll nach den Möglichkeiten der Gruppe (Kinder, Jugendliche, Erwachsene) und den Möglichkeiten der Halle (Geräte, Raumbedarf…) getroffen werden. Ein Auswahlkriterium ist (besonders bei Kindern), daß die Eindeutigkeit von Sieg, Unentschieden oder Niederlage einwandfrei festgestellt werden kann. Es kommt sonst zu unnötigen Diskussionen oder gar Streitigkeiten. Auch ein ausreichender Abstand zwischen den einzelnen Spielstationen muß aus Sicherheitsgründen gewährleistet sein. Würfe sollen nach Möglichkeit in Richtung Hallenwand erfolgen, damit die Bälle nicht in der ganzen Halle herumfliegen und andere gefährden!

Die Stationen sollen so aufeinanderfolgen, daß eine abwechslungsreiche Belastung (Arme, Beine, Rumpf…) gegeben ist.

◊ DER ABENTEUERCHARAKTER

Er ist einerseits durch die Aufgabenstellung gewährleistet (ungewöhnlich, interessant, abwechslungsreich…), andererseits durch die Stationsbezeichnung. Auch die Textformulierung der Bewegungsaufgabe kann dazu beitragen, daß das ganze als »abenteuerlich« empfunden wird.

Abb. links: LIEGEJONGLEUR. Alle müssen gut zusammenspielen!

◊ DAS KAMPFRICHTERPROBLEM

Es ist (je nach Altersstufe) unterschiedlich zu lösen. Folgende Lösungen bieten sich an:

a) Ein Oberkampfrichter (Übungsleiter, Lehrer ...), der bei Meinungsverschiedenheiten konsultiert werden kann und dessen Entscheidung bindend ist.

b) Je vier Paare pro Station; zwei Paare kämpfen, die anderen »schiedsrichtern«. Der Vorteil dieser Lösung ist ein weitgehendes Freispielen des Leiters und ein Erziehen zur gegenseitigen Akzeptanz. Außerdem werden nur halb so viele Stationen gebraucht (Arbeitsaufwand, Platzbedarf). Ein Nachteil kann die eventuelle Übernahme der Aufgabenlösung, das Abschauen von »Tricks« bei den ersten Paaren sein (mentales Training...). Es sollten daher aus Gerechtigkeitsgründen bei jeder Station andere Paare beginnen (Stationswechsel = Wechsel der Reihenfolge der zwei Paare).

c) Aus erzieherischen Gründen ist das »Wettkämpfen« ganz ohne Schiedsrichter anzustreben. Die »Kämpfer« sollen lernen, selbst mit schwierigen Situationen zurechtzukommen. Wenn einzelne Paare es nicht schaffen, dann muß der Oberschiedsrichter eingreifen.

Natürlich kann der ganze Bewerb auch ohne Punktebewertung durchgeführt werden, einfach aus Spaß und Interesse an den Aufgaben und am gegenseitigen »Kräftemessen«. In diesem Fall sollte aber die vorgegebene Anzahl an Versuchen genauso eingehalten werden, sonst gibt es Zeitprobleme (Stau, Warten). Das »Miteinander« und gleichzeitige »Gegeneinander« soll zu Kooperation und zur Fairness erziehen.

In der folgenden Übersicht über mögliche Spielstationen werden Materialbedarf und Hauptbeanspruchung für jede Station angegeben. Dann erfolgt die genaue Beschreibung der Aufgabenstellung für jede einzelne Station.

Zwei gegen zwei

ÜBERSICHT DER SPIELE

Nr.	Stationsbezeichnung	Beanspruchung	Material
1.	Ballonkorbball	Geschicklichkeit, Kraft	Basketballkorb, 2 Turnstäbe, 2 Luftballons
2.	Blasedoppel	Vitalkapazität	Tischtennisball, Bodenmarkierungen
3.	Blindenslalom	Bewegungsgefühl	Augenbinden, 2 Pilo-Poloschläger (Turnstäbe), Gymnastikkeulen
4.	Dosenstoßen	Geschicklichkeit, Schwunggefühl	6 Dosen (Gymnastikkeulen), Sprungkasten, 2 Paar Schaukelringe
5.	Doppel-Wetthängen	Kraft	Reck, Weichboden
6.	Dreirunden-Rennen	Schnelligkeit, Kraft	2 Turnbänke, 2 Teppichfliesen (Kartons), 2 Sprungseile
7.	Kaminklettern	Bewegungsgefühl	2 Medizinbälle, Gitterleitern
8.	Keulenfischen	Schwunggefühl, Bewegungsgenauigkeit	2 Paar Schaukelringe, Gymnastikkeulen (Dosen), Turnbank
9.	Lassoroller	Bewegungsgefühl, Wurfgenauigkeit	Sprungseile (zusammengebunden), Markierungen, 2 Rollbretter

10. Lianenball	Wurfgenauigkeit, Kraft	2 Klettertaue, 2 Turnbänke, 2 Säckchen, Bälle
11. Luftballon-Duell	Geschicklichkeit	Zauberschnur, 6 Luftballone, Sprungständer (Recksäulen)
12. Medizinball-Schubkarren	Bewegungsgefühl, Kraft	4 Sprungbretter, 2 Medizinbälle, Markierungen
13. Partner-Schnurwettspringen	Bewegungsgefühl	2 Sprungseile
14. Pedalo-Skateboardrennen	Gleichgewicht	2 Pedalos, 2 Sprungseile, 2 Skateboards, Mar kierungen
15. Pferdepolo	Bewegungsgefühl, Kraft	2 Pilo-Poloschläger, (Turnstäbe), Gymnastikkeulen, 2 Bälle
16. Reifenangeln	Geschicklichkeit, Schwunggefühl	2 Paar Schaukelringe, Sprungkasten, 6 Gymnastikreifen
17. Reiterabschuß	Wurfgenauigkeit, Kraft	2 Turnmatten, 20 Softbälle (Tennisbälle), 2 Säckchen
18. Rollbrettslalom	Geschicklichkeit	2 Rollbretter, Markierungen, Gymnastikkeulen
19. Schaukelduell	Schwunggefühl, Kraft	2 Paar Schaukelringe, Zauberschnur, 2 Sprungständer
20. Schiffversenken	Wurfgenauigkeit	Bälle, 2 Sprossenwandfelder (geschwenkt), 2 Sprungkästen, 2 Augenbinden
21. Schildkrötenwettrennen	Geschicklichkeit	Markierungen, 2 Turnbänke, 2 Kastendeckel

22.	Steherrennen	Gleichgewicht, Kraft	Markierungen
23.	Tarzanball	Wurfgenauigkeit, Kraft	2 Klettertaue, 2 Turn-bänke, 2 Säckchen, Bälle
24.	Tjost	Gleichgewicht	2 Pilo-Polo- oder Quickball-Schläger, Turnmatten, 2 Turn-bänke
25.	UFO-Duell	Wurfgenauigkeit	4 Frisbeescheiben, Turnbank, Gymnastik-keulen (Dosen)
26.	Vierfüßlerlauf	Wendigkeit, Kraft	Markierungen, 2 Wendemarken
27.	Wettklettern	Schnelligkeit, Kraft	2 Recke, Weichböden
28.	Ziehkampf	Kraft	Markierung

Ballonkorbball

Einer sitzt auf den Schultern seines Partners. In einer
Hand hält er einen Turnstab und in der anderen einen
Luftballon.

Auf Kommando wird der Luftballon hochgeworfen und
dann mit Hilfe des Turnstabes in den Basketballkorb ge-
lenkt.

Die Mannschaft, die zuerst ihren Ballon in den Korb diri-
giert hat, ist Sieger. Wer den gegnerischen Luftballon ab-
sichtlich berührt, hat verloren.

Vier Durchgänge sind zu spielen.

WERTUNG	PUNKTE
Sieg	**2**
Unentschieden	**1**

214

Blasedoppel

Alle Teilnehmer befinden sich im Liegestütz, mit den Händen außerhalb ihres Halbkreises.

Ihr müßt versuchen, einen Tischtennisball durch »Blasen« über die Halbkreislinie des Gegners zu befördern.

Eine Berührung des Balles oder ein Übertreten der Kreislinie mit den Händen ist ein Fehlerpunkt.

Vier Durchgänge sind zu spielen.

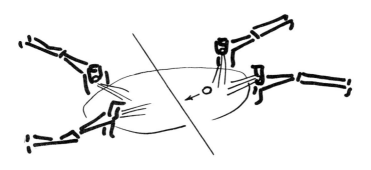

WERTUNG	PUNKTE
Sieg	2
Unentschieden	1

Blindenslalom

Einer befindet sich mit verbundenen Augen in Bankstellung. Sein Partner soll ihn mittels eines Pilo-Polo-Schlägers (bzw. Turnstabes) durch einen »Keulenslalom« hindurchlenken.

Zwei »Torläufe« sind nebeneinander aufgebaut.

Verlierer ist die langsamere Mannschaft bzw. jene, die zuerst eine Keule umwirft.

Vier Durchgänge mit Rollentausch.

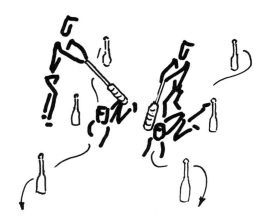

WERTUNG	PUNKTE
Sieg	2
Unentschieden	1

Dosenstoßen

Einer von Euch sitzt in den Schaukelringen. In entsprechender Entfernung zu den Ringen befindet sich ein Sprungkasten, auf dem drei Dosen stehen.

Der Partner gibt dem Sitzenden so viel Schwung, daß dieser beim Vorpendeln mit den Füßen die Dosen vom Kasten stoßen kann.

Welches Paar hat die Aufgabe zuerst gelöst?

Vier Durchgänge sind zu spielen.

WERTUNG	PUNKTE
Sieg	2
Unentschieden	1

Doppelwetthängen

Einer hängt mit beiden Händen am Hochreck, und sein Partner klammert sich fest an ihn an. Unter dem Hochreck liegt ein Weichboden!

Welches Paar kann länger hängen?

Vier Durchgänge mit Rollentausch.

WERTUNG	PUNKTE
Sieg	2
Unentschieden	1

Dreirunden-Rennen

Einer – der »Fahrer« – hockt auf einer Teppichfliese (Karton, Filzplatte) und hält sich an einem Sprungseil fest, das sein Partner – »das Pferd« – hält.

Das »Pferd« soll den »Fahrer« möglichst rasch dreimal um eine Turnbank herumziehen.

Welches Paar ist schneller fertig?

Vier Durchgänge mit Rollentausch.

WERTUNG	**PUNKTE**
Sieg	**2**
Unentschieden	**1**

Kaminklettern

Jede »Zweierseilschaft« muß beim Aufstieg im »Kamin« (zwischen zwei Gitterleiter-Feldern) mit dem Rücken zueinander einen Medizinball, zwischen den Nacken eingeklemmt, zum »Gipfel« transportieren.

Wenn der Ball nicht herunterfällt und die oberste Sprosse mit der Hand erreicht wurde, ist die Aufgabe gelöst.

Vier Versuche pro »Seilschaft« sind erlaubt.

Welche schafft es öfter?

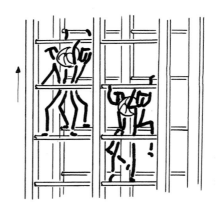

WERTUNG	**PUNKTE**
Sieg	1
Unentschieden	2

Keulenfischen

Einer von Euch steht mit den Füßen auf den Ringen in der Seilschlinge oberhalb der Schaukelringe. Mit den Händen hält er sich an den Seilen fest. Sein Partner hängt unterhalb von ihm an den brusthohen Ringen (Hock-hangstand). In einiger Entfernung (Distanz ausprobieren) stehen auf einer Turnbank Gymnastik-Keulen (Dosen …).

Durch Hin- und Herpendeln soll der untere die Keulen mit den Füßen erfassen und in der Mitte ablegen. Der obere hilft beim Schaukeln mit! Ein zweites Paar befindet sich in der gleichen Position an benachbarten Schaukel-ringen.

Welches Paar hat alle seine Keulen rascher »gefischt« und abgelegt? Umgestoßene Keulen zählen nicht!

Vier Durchgänge mit Rollentausch.

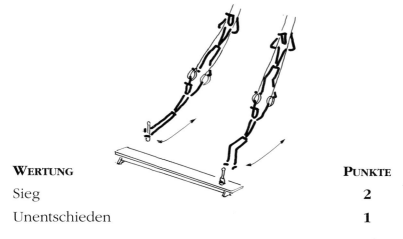

WERTUNG	PUNKTE
Sieg	2
Unentschieden	1

Lassoroller

Einer sitzt auf einem Rollbrett vor einer Markierung. Sein Partner, der in einiger Entfernung steht, wirft ihm ein »Lasso« (zusammengebundene Sprungseile) zu und zieht ihn möglichst rasch zu sich heran.

Fällt der »Fahrer« vom Rollbrett, ist der Durchgang verloren.

Vier Durchgänge sind gestattet.

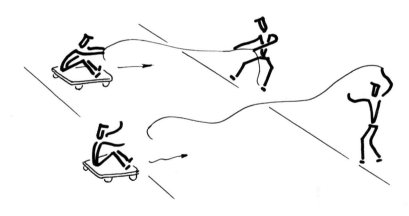

WERTUNG	**PUNKTE**
Sieg	2
Unentschieden	1

Lianenball

Einer von Euch steht auf einem Klettertauknopf. Sein Partner steht hinter einer Turnbank, die in einiger Entfernung von den Klettertauen aufgestellt ist. Er hält ein Säckchen in der Hand. Auf einer zweiten Turnbank, die auf der anderen Seite der Taue steht, liegen mehrere Bälle.

Beim Hin- und Herschaukeln darf immer ein Ball von der Bank geholt und in das Säckchen geworfen werden.

Ein zweites Paar probiert es parallel zu Euch.

Welches Paar hat weniger Fehlwürfe? Ein Absteigen vom Tau ist nicht gestattet!

Vier Durchgänge mit Rollentausch.

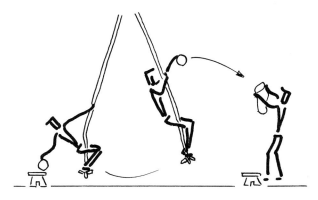

WERTUNG	PUNKTE
Sieg	2
Unentschieden	1

Luftballon-Duell

Jede Mannschaft steht auf einer Seite von einer in Reichhöhe gespannten Zauberschnur (Sprungständer, Recksäulen). Jeder hat einen Luftballon in der Hand.

Durch Tupfen mit den Fingern sind die Luftballons über
die Schnur in das gegnerische Spielfeld zu befördern.

Verlierer ist das Paar, bei dem ein Luftballon den Boden
berührt.

Wird der Luftballon außerhalb der Stangen oder unterhalb der Zauberschnur zum Gegner gespielt, gilt der
Durchgang auch als verloren. (Es können auch zusätzliche Luftballons ins Spiel gebracht werden!)

Vier Durchgänge sind zu spielen.

WERTUNG	**PUNKTE**
Sieg	**2**
Unentschieden	**1**

Medizinball-Schubkarren

Einer ist im Liegestütz, einen Medizinball im Nacken. Der Partner faßt ihn an den Oberschenkeln und führt den »Schubkarren« eine Rampe (= Sprungbretter) hinauf und hinunter (von Markierung zu Markierung).

Welches Paar schafft es öfter – ohne den Ball zu verlieren?

Vier Durchgänge sind erlaubt.

WERTUNG	**PUNKTE**
Sieg	2
Unentschieden	1

Partner-Schnurwettspringen

Die Partner stehen hintereinander. Der vordere hält eine Sprungschnur in der Hand.

Welches Paar kann öfter schnurspringen, ohne hängen zu bleiben?

◊ vorwärts durchziehen

◊ rückwärts durchziehen

In jeder Disziplin sind vier Versuche gestattet.

WERTUNG	**PUNKTE**
Sieg	2
Unentschieden	1

Pedalo-Skateboardrennen

Ein Partner sitzt auf einem Skateboard. Er hält sich an einem Sprungseil fest, das um die Hüften des vor ihm auf einem Pedalo stehenden Partners geschlungen ist.

Der Pedalofahrer soll den Skateboardfahrer eine bestimmte Strecke abschleppen.

Wenn einer absteigt, muß das Paar wieder zur Startlinie zurück.

Welches Paar ist schneller?

Vier Durchgänge sind erlaubt.

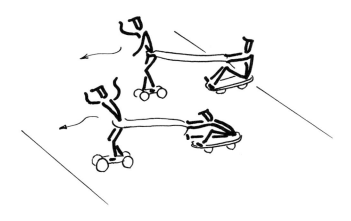

WERTUNG	**PUNKTE**
Sieg	2
Unentschieden	1

Pferdepolo

Einer von Euch sitzt »Huckepack« auf dem Rücken seines Partners. Er hält einen Pilo-Polo-Schläger (Quickball-schläger, Turnstab …) in der Hand.

Mit diesem »Schläger« soll er einen Ball durch einen von Keulen gebildeten Slalom hindurchtreiben. Der Ball darf dabei nur mit dem Schläger gespielt werden.

Ein zweites Paar spielt parallel zu Euch.

Welches Paar schafft es rascher, ohne eine Keule umzu-werfen?

Vier Durchgänge mit Rollentausch.

WERTUNG	**PUNKTE**
Sieg	2
Unentschieden	1

Reifenangeln

Ihr steht in den ruhig hängenden Ringen mit dem Gesicht zueinander.

Auf Kommando sollt ihr durch Hin- und Herschaukeln Reifen, die auf einem Sprungkasten liegen, auf einen zweiten Sprungkasten hinübertransportieren.

Fällt ein Reifen zu Boden, so ist der Durchgang verloren.

Welches Paar schafft es schneller?

Vier Durchgänge sind erlaubt.

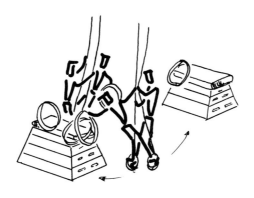

WERTUNG	PUNKTE
Sieg	2
Unentschieden	1

Reiterabschuß

Der »Reiter« sitzt auf dem Rücken (Schultern) seines Partners (»Pferd«). Er hält ein Säckchen mit zehn Softbällen (Tennisbällen) in der Hand.

Das »Pferd« darf eine am Boden liegende Matte nicht verlassen.

Wer trifft den gegnerischen »Reiter« öfter? »Pferde«-Treffer zählen nicht!

Vier Durchgänge mit Rollentausch.

WERTUNG	**PUNKTE**
Sieg	**2**
Unentschieden	**1**

Rollbrettslalom

Ihr kniet zu zweit hintereinander auf je einem Rollbrett. Nun sollt Ihr mit Hilfe der Hände einen aus Keulen gebildeten Slalom durchfahren, ohne dabei eine Keule umzuwerfen.

Wenn eine Keule umfällt, habt Ihr den Durchgang verloren. Ein Durchgang bedeutet dabei hin und wieder zurück zur Ausgangsposition.

Ihr dürft es viermal versuchen.

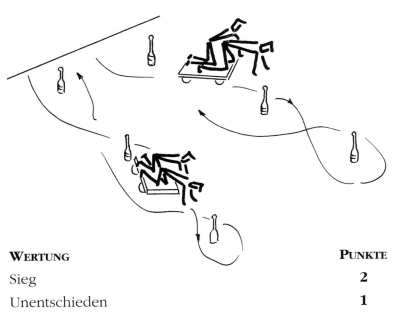

WERTUNG	**PUNKTE**
Sieg	**2**
Unentschieden	**1**

Schaukelduell

Jedes Paar steht in den ganz tief gestellten Schaukelringen, Gesichter zueinander, Hände an den Seilen.

Von den völlig ruhig hängenden Ringen aus muß gestar-
tet werden.

Welches Paar berührt durch Hin- und Herschaukeln
rascher eine zwischen zwei Sprungständern gespannte
Zauberschnur mit den Waden?

Vier Durchgänge sind zu spielen.

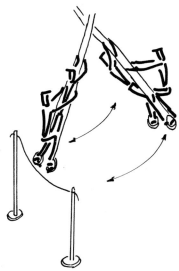

WERTUNG	PUNKTE
Sieg	2
Unentschieden	1

232

Schiffversenken

Zwei Sprossenwand-Felder werden geschwenkt. Vor jedem Feld steht ein oben offener Sprungkasten.

Einer von Euch hat die Augen verbunden. Er klettert auf der Außenseite der Sprossenwand ein Stück hinauf. Durch den großen Sprossenzwischenraum hindurch soll er fünf verschieden große Bälle, die ihm sein Partner zureicht, in den gegnerischen Sprungkasten hineinwerfen.

Die Partner dürfen herumliegende Bälle einsammeln und ihrem »Blinden« Wurfanweisungen geben.

Wer trifft öfter?

Wenn alle Bälle verschossen sind, wird neu begonnen.

Vier Durchgänge sind erlaubt.

WERTUNG	**PUNKTE**
Sieg	2
Unentschieden	1

Schildkrötenwettrennen

Aufstellung paarweise in Bankstellung nebeneinander.
Auf dem Rücken jedes Paares liegt ein Sprungkastendeckel (Turnmatte).

Ihr sollt eine vorgegebene, durch Hindernisse (z. B. Turnbänke) erschwerte Strecke auf allen vieren bewältigen,
ohne den »Deckel« zu verlieren.

Bei Deckelverlust ist das Rennen verloren, sonst zählt der
schnellere Durchgang.

Vier Durchgänge sind zu spielen.

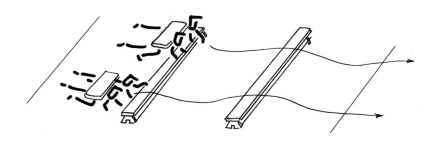

WERTUNG	**PUNKTE**
Sieg	**2**
Unentschieden	**1**

Steherrennen

Einer von Euch befindet sich in Bankstellung (Rücken gewölbt). Der zweite steht auf seinem Rücken (mit einem Fuß im Nacken seines Partners, den anderen auf dem Becken).

Das Paar soll eine bestimmte Strecke zurücklegen, ohne daß der »Obere« absteigen muß.

Welches Paar schafft es öfter bzw. schneller?

Vier Durchgänge mit Rollentausch.

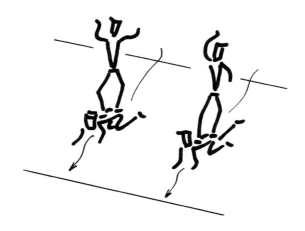

WERTUNG	PUNKTE
Sieg	**2**
Unentschieden	**1**

Tarzanball

Je zwei Taue (»Lianen«) werden unten miteinander verknotet. Jedes Paar steht (oder sitzt) in einer solchen »Lianenverbindung« und schaukelt hin und her. Zwischen den verknoteten Tauen sollen wenigstens zwei »freie« Taue hängen.

In einem Säckchen hat jedes Paar zehn Softbälle (Tennisbälle).

Wer trifft beim »Schaukelzielwerfen« das gegnerische Paar öfter mit den Bällen?

Wenn alle Bälle verschossen sind, beginnt ein neuer Durchgang.

Vier Durchgänge sind zu spielen.

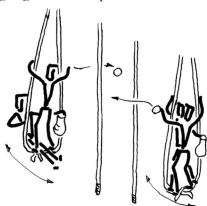

WERTUNG	PUNKTE
Sieg	2
Unentschieden	1

236

Tjost

Jeder »Ritter« hat einen Pilo-Polo-Schläger (Quickball-schläger) in der Hand. Er reitet auf seinem »Pferd« – das sich mit den »Vorderbeinen« (= Armen) auf einer Turn-bank abstützt. Die Turnierdistanz ist eine Banklänge.

Dabei soll er den Gegner, der auf einer parallel aufgestell-ten Turnbank »entgegengeritten« kommt, aus dem »Sattel stechen«.

Vier Durchgänge sind erlaubt.

Nach jedem Durchgang ist Seitenwechsel.

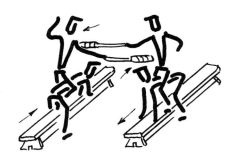

WERTUNG	PUNKTE
Sieg	**2**
Unentschieden	**1**

UFO-Duell

Jedes Paar steht vor einer Markierung. In der Mitte, zwischen den Markierungen, stehen auf einer Turnbank Keulen (Dosen, Bälle ...).

Jeder hat eine Frisbeescheibe. Mit dieser sollen die Keulen so getroffen werden, daß sie ins gegnerische Spielfeld fallen.

Welches Paar trifft besser?

Vier Durchgänge sind erlaubt.

WERTUNG	PUNKTE
Sieg	2
Unentschieden	1

Vierfüßlerlauf

Einer von Euch steht aufrecht, die Beine leicht geöffnet. Der Partner setzt sich hinter ihn, streckt seine Beine zwischen den geöffneten Beinen des Stehenden durch und umfaßt dessen Hüften mit beiden Armen. Der stehende Partner greift mit den Händen unter die Achseln des sitzenden und hebt ihn an.

In dieser Stellung sollt Ihr und Eure Gegner eine vorgegebene Strecke – zur Wendemarke, um diese herum und wieder zurück – bewältigen.

Ihr dürft es viermal versuchen.

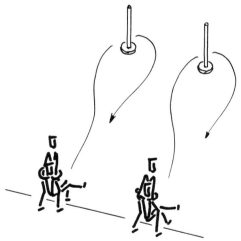

WERTUNG	PUNKTE
Sieg	2
Unentschieden	1

Wettklettern

Jedes Paar steht unter einem in Kopfhöhe aufgestellten Reck (mit Weichboden absichern).

Welches Paar sitzt zuerst auf der Reckstange?

Anhalten an den Recksäulen ist erlaubt.

Es werden vier Durchgänge geklettert.

WERTUNG	PUNKTE
Sieg	2
Unentschieden	1

Ziehkampf

Ihr stellt Euch hintereinander auf. Der hintere umfaßt den vorderen mit »Flechtgriff« (= Finger sind ineinander verschränkt) um die Hüfte.

Die Paare stehen an einer Bodenmarkierung einander gegenüber. Die beiden vorderen fassen einander fest an beiden Händen.

Welches Paar kann das andere, ohne dabei die Handfassung zu lösen, über die Markierung ziehen? (Vorsicht!)

Vier Durchgänge mit Positionstausch.

WERTUNG	PUNKTE
Sieg	2
Unentschieden	1

FÜNFERGRUPPE

Spezifische Überlegungen

◊ DIE FÜNFERGRUPPE

Sie eignet sich besonders gut für Abenteuer-Spielstationen, weil an den vier Extremitäten des fünften die anderen vier Mitspieler sehr gut anpacken können. Spielstationen, die Grundtätigkeiten, wie Heben, Schieben, Ziehen, Tragen, Transportieren..., beinhalten, sind dadurch besonders leicht durchzuführen. Das Gewicht des fünften läßt sich auf die vier Mitspieler gut aufteilen, ohne eine Person dabei zu überfordern.

◊ DIE GRUPPENZUSAMMENSTELLUNG

Um die Fünfergruppe zu bilden, sind mehrere Verfahren möglich:

a) Völlig freie Wahl der Gruppenbildung.

b) Zusammenstellung der Gruppen bzw. Zuordnung der Spieler durch den Spielleiter. Sie kann umso sinnvoller durchgeführt werden, je besser der Spielleiter die Leistungsfähigkeit der einzelnen Spieler kennt. Er kann dann Gruppen etwa gleicher Leistungsfähigkeit zusammenstellen (z. B. aus bereits vorhandenen Leistungsgruppen, bzw. Niveaugruppen).

c) Man kann auch dem Zufall, z. B. mittels eines Spieles, die entscheidende Rolle zuteilen. Das »Atome-Spiel« eignet sich neben anderen dazu. Aus dem Durcheinanderlaufen müssen sich auf Zuruf des Spielleiters Gruppen mit gleicher Spielerzahl möglichst rasch bilden, also z. B. zwei, drei, vier, fünf... Bei fünf wird abgebrochen, und die so gebildete Gruppe wird zur Abenteuer-Spielgruppe. Auch das Zusammenfinden zu »Tierfamilien« läßt sich so organisieren, daß es genau Fünfergruppen werden. Alle stehen mit geschlossenen Augen im Kreis. Der Spielleiter sagt jedem den Namen eines Tieres ins Ohr. Wenn jeder sein Tier weiß, muß er mit weiterhin geschlossenen Augen durch Nachahmen des jeweiligen Tierlautes zu seiner »Tierfamilie« finden. Der Spielleiter braucht nur so viele Tiernamen auszuwählen, daß jede »Tierfamilie« aus fünf Mitspielern besteht.

◊ BEWERTUNG UND ZEITAUFWAND

Der Bewertungsmodus wurde so einfach wie möglich gehalten. Bei jeder Station sind maximal drei Punkte erreichbar. Das Ganze kann aber auch ohne Wettkampfcharakter durchgeführt werden. Es sollte aber bei Stationen, wo die Leistungen einzelner Spieler bereits die drei Punkte bringen können, darauf geachtet werden, daß auch die übrigen Spieler die Aufgabe wenigstens ausprobieren, sonst ist der Zeitaufwand bei den Stationen zu unterschiedlich, und es kommt zu unnötigen Wartezeiten!

◊ DER AUF- UND ABBAU DER STATIONEN

Da immer fünf pro Station zusammenhelfen, gehen Auf- und Abbau der Stationen besonders rasch. Die entsprechende Tafel mit Stationsnummer, Stationsbezeichnung und Aufgabenstellung wird dort hingestellt (gelegt, gehängt), wo die Station aufgebaut werden soll. Eine Skizze der Halle mit Gesamtanordnung der Stationen (an einer Hallenwand angeschlagen) bietet zusätzliche organisatorische Hilfestellung.

◊ STATIONSBELIEBTHEIT UND STATIONSAUSWAHL

Verständlicherweise finden nicht alle Stationen den gleichen Anklang. Eine Rückmeldung über die Stationsbeliebtheit läßt sich erreichen, indem man nach Abschluß aller Bewerbe die Spieler auffordert, sich zu der Station zu setzen, die ihnen am besten, zweitbesten oder drittbesten gefallen haben. Nach meinen Erfahrungen und Befragungen sind folgende Spielstationen besonders beliebt: Filzpatschenweitsprung, Schaukelfischen, Expedition und Gipfelbuch. Diese sollten also bei keiner Anordnung fehlen. Die Auswahl möglicher Stationen wird ohnehin durch die Größe der Turnhalle und die vorhandenen eingebauten Großgeräte limitiert.

*

Fünfergruppe

ÜBERSICHT DER SPIELE

Nr.	Stationsbezeichnung	Beanspruchung	Material
1.	Ameisentransport	Geschicklichkeit	Turnmatten
2.	Barrenkegeln	Geschicklichkeit, Kraft	Stufenbarrenholme, Ball
3.	Bein-Balltransport	Kraft	3 Sprungkästen, Medizinball, Basketball, Gymnastikball
4.	Bergsteigertest	Kraft	Turnbank, Sprossenwand
5.	Denkmal	Geschicklichkeit	Matten
6.	Expedition	Geschicklichkeit, Kraft	Leitern, Kletterstangen, Handgeräte (Sprungkasten, Barren)
7.	Faultiertransport	Kraft	Ziehtau, Matten
8.	Filzpantoffel-Weitsprung	Gleichgewicht, Sprungkraft	Filzpantoffel (Kartons), Ziehtau, Turnbänke, Weichböden, Reck
9.	Förderband	Geschicklichkeit	Sprungkastendeckel, Matten
10.	Gipfelbuch	Kraft, Mut	Notizblock, Bleistift, Matten, Turnbank
11.	Gummiseilschaft	Geschicklichkeit	Gitterleitern, Zauberschnur, Mannschaftsschleifen, Handgeräte

12. Hängegolf	Geschicklichkeit	Bodenausnehmung, Turnstab, Tennisball,
13. Hängekegeln	Koordination	Gymnastikkeulen, Medizinball
14. Hebebasketball	Gleichgewicht, Kraft	Basketballkorb, Basketball
15. Liege-Jongleur	Gleichgewicht	2 Frisbeescheiben, 2 Tennisbälle
16. Melonenernte	Geschicklichkeit	Volleybälle, Turnbänke, Sprungseile, Sprossenwände, Sprungkasten
17. Paddeln	Kraft	Rollbretter, Turnbank, Turnstäbe
18. Pfeifen	Gleichgewicht, Kraft	Basketballkorb, Pfeife
19. Sänften-Zielwurf	Wurfgenauigkeit	Spungkastendeckel, Sprungkasten, Gymnastikkeulen, Tennisbälle
20. Schaukelfischen	Geschicklichkeit	4 Mannschaftsbänder, 4 Sprungkästen, Schaukelringe, 8 Gymnastikkeulen
21. Sprungtuch	Geschicklichkeit, Mut	Gitterleiter, Weichboden, Sprungtuch
22. Sumpfüberquerung	Koordination	Turnmatte
23. Turnbankkegeln	Bewegungsgenauigkeit	3 Gymnastikkeulen, Turnbank, Ball
24. Wagenlenker-Zielwurf	Wurfgenauigkeit	3 Gymnastikkeulen, Sprungkasten
25. Zirkuslöwe	Geschicklichkeit	Kreppapier, Turnmatten, 3 Gymnastikreifen

Ameisentransport

Einer von Euch ist die »Oberameise«, die von den anderen
vier »Unterameisen« von der Matte eins bis zur Matte drei
transportiert wird. Dabei darf die »Oberameise« den
Boden nicht berühren.

Jeder hat einen Versuch.

WERTUNG	**PUNKTE**
die vier Unterameisen in Bankstellung hintereinander (Blick in die selbe Richtung)	**1**
die vier Unterameisen in Bankstellung, Blick zueinander (vorwärts- und rückwärtskriechend)	**2**
die vier Unterameisen in Rückenlage hintereinander (Blick in die selbe Richtung)	**3**

Barrenkegeln

Je zwei von Euch schultern einen Stufenbarrenholm und stellen sich so nebeneinander auf, daß ein »Barren« entsteht. Der fünfte geht auf diesem Barren in den Stütz. Diese Person soll so getragen werden, daß sie imstande ist, ohne Bodenberührung einen Ball aufzunehmen und mit den Füßen eine bestimmte Strecke zu transportieren.

Jeder darf es einmal probieren.

Bein-Balltransport

Jeder von Euch sitzt auf einem verschieden hohen
Sprungkasten. Ihr sollt die Bälle aus einem Rahmenteil
hervorholen und nur mit den Beinen so weitergeben, daß
sie nicht zu Boden fallen und in einem zweiten Rahmenteil abgelegt werden können.

Mit jedem Ball dürft Ihr es zweimal versuchen.

WERTUNG	PUNKTE
Gymnastikball	1
Basketball	2
Medizinball	3

249

Bergsteigertest

Eine Turnbank wird in der Sprossenwand ungefähr schulterhoch mit einem Ende eingehängt. Vier von Euch heben die Bank am anderen Ende hoch, bis sie waagrecht ist.

Der fünfte legt sich in der Mitte der Bank auf den Bauch und versucht, sie einmal zu umklettern, ohne dabei den Boden zu berühren.

Auf dem Boden liegt eine Turnmatte.

Jeder darf es einmal versuchen.

WERTUNG	PUNKTE
einer schafft es	**1**
drei schaffen es	**2**
alle schaffen es	**3**

250

Denkmal

Ihr sollt zu fünft ein Denkmal errichten und dürft dabei nur mit einer bestimmten Anzahl von Händen und Füßen den Boden berühren.

Untereinander müßt Ihr jedoch Körperkontakt halten.

WERTUNG	PUNKTE
Bodenkontakt mit 4 Füßen und 4 Händen	**1**
Bodenkontakt mit 4 Füßen und 2 Händen	**2**
Bodenkontakt mit 2 Füßen und 6 Händen	**3**

Expedition

Ihr sitzt zu fünft mitsamt Eurer Ausrüstung im »Basislager« (niedriger Sprungkasten, waagrecht tiefgestellte Turnleiter, Barren tief...). Über Kletterstangen sollt Ihr das Material in das »Hochlager« (hoher Sprungkasten, waagrecht hochgestellte Turnleiter, Hochbarren...) transportieren. Die Ausrüstung: Tau, drei zusammengeknüpfte Sprungseile, zwei Medizinbälle, drei Turnstäbe, Gymnastikreifen.

Sobald einer von Euch den Boden berührt, gilt er als abgestürzt und darf nicht mehr mithelfen. Zu Boden gefallene Gegenstände gelten als verloren.

Ihr habt zur Lösung der Aufgabe drei Minuten Zeit.

WERTUNG	PUNKTE
3 Teilnehmer und 4 Gegenstände	1
4 Teilnehmer und 5 Gegenstände	2
5 Teilnehmer und alle Gegenstände	3

Faultiertransport

Das »Faultier« liegt auf dem Rücken und klammert sich mit Händen und Füßen fest an ein Ziehtau.

Je zwei von Euch fassen ein Tauende und ziehen das Tau so kräftig nach außen, daß sich das Faultier vom Boden abhebt. Nun transportiert Ihr es über eine Turnmatte. Diese darf vom Faultier nicht berührt werden.

Nach jeder Mattenüberquerung wird ein anderer zum Faultier.

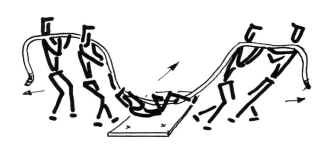

WERTUNG	PUNKTE
zwei schaffen es	1
vier schaffen es	2
alle schaffen es	3

Filzpantoffel-Weitsprung

Aus zwei Turnbänken und dem Niederreck wird eine Sprungschanze konstruiert. Vor der Schanze liegt ein Weichboden.

Einer von Euch schlüpft in zwei Filzpantoffel, die am unteren Ende der Schrägbänke liegen. Er hält sich mit beiden Händen an einem Schwungseil (Ziehtau) in der Mitte fest. Die anderen vier nehmen die Enden des Schwungseiles in die Hand und ziehen den fünften schnell über den Schanzentisch. Am höchsten Punkt wird abgesprungen und das Seil ausgelassen. Der Aufsprungbereich ist in drei Zonen eingeteilt.

Jeder darf beim Wertungsdurchgang nur einmal springen.

WERTUNG	PUNKTE
alle schaffen die Zone eins	**1**
zwei schaffen die Zone zwei	**2**
einer schafft die Zone drei	**3**

Förderband

Alle fünf legen sich nebeneinander auf den Boden (Turnmatten). Ihr sollt durch Seitwärtsrollen (Wälzen) einen Sprungkastendeckel, der auf Euch liegt und in dem sich drei Bälle befinden, möglichst weit transportieren, ohne daß der Deckel oder die Bälle zu Boden fallen.

Alle rollen dazu in eine Richtung, wobei der letzte immer rasch aufstehen muß, um sich vorne wieder hinzulegen.

WERTUNG	PUNKTE
Ihr kommt bis zur 1. Markierung	1
Ihr kommt bis zur 2. Markierung	2
Ihr kommt bis zur 3. Markierung	3

Gipfelbuch

Eine Turnbank wird hochkant aufgestellt und schräg an die Wand gelehnt. An ihrem oberen Ende befindet sich das Gipfelbuch. Vier halten jeweils die Bank, der fünfte klettert die Bank hoch und trägt sich, oben angekommen, mit seinem Vornamen in das Gipfelbuch ein.

Der letzte muß das beschriebene Blatt abreißen und mit hinunternehmen.

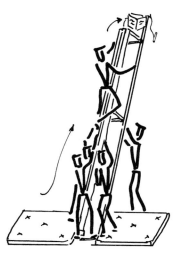

Wertung	**Punkte**
ein Name ist eingetragen	**1**
drei Namen sind eingetragen	**2**
alle Namen sind eingetragen	**3**

Gummiseilschaft

Alle fünf hängen hintereinander mit je einer Mannschafts-schleife an einem Gummiseil (Zauberschnur).

Jeder soll ein Stück Ausrüstung (Bälle, Keulen, Turnstab, Gymnastikreifen …) entlang einer vormarkierten Kletter-route transportieren. Geklettert wird an den Gitterleitern, die Gegenstände müssen am Gipfel (Kastendeckel – siehe Skizze) abgelegt werden.

Gegenstände, die zu Boden fallen, gelten als verloren. Entscheidend ist die Anzahl der transportierten Gegen-stände.

Ihr dürft höchstens drei Minuten dazu brauchen.

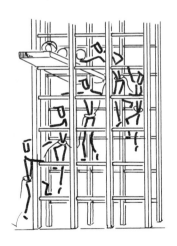

WERTUNG	**PUNKTE**
ein Gegenstand	1
drei Gegenstände	2
fünf Gegenstände	3

Hängegolf

Einer von Euch liegt in Bauchlage mit einem Turnstab in der Hand. Die vier anderen heben ihn unter den Achseln und an den Beinen so hoch, daß er waagrecht hängt. In dieser Stellung versucht er, mit Eurer Hilfe (mitgehen) einen Tennisball durch einen Slalom aus drei Keulen zu treiben und anschließend in eine Bodenausnehmung zu rollen. Nach der dritten Keule darf der Ball mit dem Stab nur noch einmal berührt werden.

Jeder darf es einmal versuchen.

WERTUNG	**PUNKTE**
einer schafft es	**1**
drei schaffen es	**2**
alle schaffen es	**3**

Hängekegeln

Einer von Euch liegt auf dem Rücken. Die übrigen vier fassen ihn an den hochgehaltenen Armen und Beinen und schwingen ihn hin und her. Er soll mit dem Gesäß einen am Boden liegenden Medizinball treffen, so daß dieser wegrollt und eine in einiger Entfernung aufgestellte Gymnastikkeule umwirft.

Jeder darf es einmal versuchen.

WERTUNG	PUNKTE
zwei Treffer	1
drei Treffer	2
fünf Treffer	3

Hebebasketball

Einer von Euch steht an der Freiwurflinie. Er wird von den anderen vier an den Beinen gefaßt und hochgehoben.

Er soll versuchen, in dieser Stellung in den Korb zu treffen.

Jeder hat drei Versuche.

WERTUNG	**PUNKTE**
einer erzielt zwei Treffer	**1**
drei erzielen zwei Treffer	**2**
einer erzielt drei Treffer	**3**

Liegejongleur

Vier von Euch befinden sich nebeneinander in Bankstellung. Der fünfte legt sich rücklings auf die anderen. Er jongliert mit jeder Hand eine Frisbeescheibe, in der sich ein Tennisball befindet.

Ihr sollt den Jongleur zwei Mattenlängen weit transportieren, ohne daß Frisbees oder Bälle zu Boden fallen.

Jeder darf einmal der Jongleur sein.

WERTUNG	PUNKTE
einer schafft es	**1**
drei schaffen es	**2**
alle schaffen es	**3**

Melonenernte

Ihr sollt möglichst viele Melonen (Volleybälle) vom »Feld«
(= Kastenrahmen links) über die geschwenkten Sprossen-
wandfelder (siehe Zeichnung) in das »Haus« (= Kastenrahmen rechts) befördern. Die Melonen müssen dabei
»außen« über die Sprungseile gerollt und »innen« getragen
werden. Sie dürfen keinesfalls geworfen werden. Zu
Boden fallende Melonen gelten als verloren.

Ihr habt drei Versuche und für jeden Versuch eine Minute
Zeit.

Das beste Resultat wird gewertet.

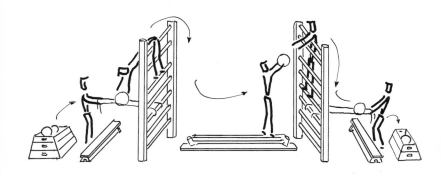

WERTUNG	PUNKTE
zwei Melonen	**1**
vier Melonen	**2**
sechs Melonen	**3**

Paddeln

Eine umgedrehte Turnbank wird auf drei Rollbretter (Skateboards oder Turnstäbe) gelegt. Alle fünf sitzen, stehen oder knien auf der Turnbank und versuchen, sich mit Hilfe von Turnstäben, die sie auf dem Boden aufsetzen, entlang einer vorgegebenen Linie fortzubewegen.

In einer Minute soll eine möglichst große Strecke zurückgelegt werden.

Ihr habt insgesamt drei Versuche.

WERTUNG	**PUNKTE**
5 Meter	**1**
10 Meter	**2**
15 Meter	**3**

Pfeifen

Von einem Basketballkorb hängt eine Pfeife. Ihr hebt zu viert den fünften so hoch, daß dieser ohne Gebrauch der Hände in die Pfeife hineinblasen kann. Es zählt aber nur ein richtiger Pfiff.

Wieviele Pfiffe schafft Ihr in eineinhalb Minuten, wobei der Pfeifer nach jedem Pfiff wechseln muß.

WERTUNG	PUNKTE
fünf Pfiffe	1
acht Pfiffe	2
zehn Pfiffe	3

Sänften-Zielwurf

Vier halten den Sprungkastendeckel (= Sänfte) hüfthoch (schulterhoch). Der fünfte sitzt mit zwei Tennisbällen in der Hand auf der »Sänfte«. In einiger Entfernung stehen auf einem Sprungkasten drei Gymnastikkeulen (Tennis-balldosen).

Die Mannschaft trägt den Werfer an einer Markierung entlang. Dieser soll versuchen, während des Transportes die Keulen (Dosen) herunterzuschießen.

Jeder darf einmal die Sänfte benützen und hat dabei zwei Würfe.

WERTUNG	PUNKTE
zwei bis vier Dosen	**1**
fünf bis sieben Dosen	**2**
ab acht Dosen	**3**

Schaukelfischen

Einer von Euch sitzt in den Schaukelringen (knapp über Bodenhöhe). Die anderen vier sitzen oder knien auf vier mittelhoch gestellten Sprungkästen, die symmetrisch um die Ringe angeordnet sind (siehe Skizze). Auf der Bodenfläche zwischen den Kästen stehen acht Gymnastikkeulen und liegen vier Mannschaftsschleifen.

Begonnen wird immer mit einem Abschwingen von einem Sprungkasten. Der Pendelnde soll die Gegenstände aufsammeln und den auf den Kästen Sitzenden übergeben. Diese dürfen ihm auch weiterhin von ihrem Kasten aus Schwung geben, damit er möglichst viele Gegenstände erreicht.

Jeder kommt einmal dran und darf eine halbe Minute lang sammeln.

WERTUNG	PUNKTE
alle haben je 2 Gegenstände aufgesammelt	1
drei haben je 6 Gegenstände aufgesammelt	2
zwei haben je 8 Gegenstände aufgesammelt	3

Sprungtuch

Ihr sollt eine Person aus einem »brennenden« Haus retten. Vier von Euch holen rasch ein Sprungtuch (Matte mit Griffen, festes Tuch, Fallschirm...) und stellen sich damit vor das Fenster (markiertes Gitterleiterfeld).

Unter dem Sprungtuch liegt noch ein Weichboden!

Die gefährdete Person (der fünfte) rettet sich durch einen Sprung aus dem Fenster. Dann muß er wieder zum Ausgangspunkt zurückgetragen werden.

Jeder von Euch hat einen Versuch.

Bei wem gelingt die Rettung am schnellsten?

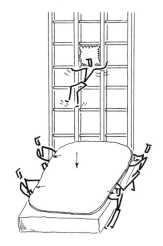

WERTUNG	**PUNKTE**
30 Sekunden	**1**
25 Sekunden	**2**
20 Sekunden	**3**

Sumpf-Überquerung

Alle stehen auf einer Turnmatte, die an der Längsseite die Turnhallenwand berührt. Vor Euch liegt eine zweite Turnmatte. Ihr sollt mit Hilfe der beiden Matten den »Sumpf« (= Turnhallenbreite) in möglichst kurzer Zeit überqueren. Der »Sumpf« (= Turnhallenboden) darf dabei mit keinem Körperteil berührt werden.

WERTUNG	PUNKTE
bis 70 Sekunden	1
bis 50 Sekunden	2
bis 40 Sekunden	3

268

Turnbankkegeln

Einer von Euch sitzt im Grätschsitz am Ende einer Turnbank und hält einen Ball in der Hand. Die anderen vier
heben die Turnbank auf der Seite des Sitzenden hoch.
Dieser läßt den Ball so aus, daß er hinunterrollt und
einen der Kegel (Keulen), die in einiger Entfernung auf
dem Boden stehen, trifft.

Jeder hat drei Versuche, um die drei Kegel umzuwerfen.

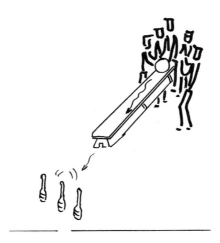

WERTUNG	PUNKTE
zwei erzielen je zwei Treffer	1
vier erzielen je zwei Treffer	2
drei erzielen je drei Treffer	3

Wagenlenker-Zielwurf

Zwei von Euch stehen nebeneinander, die inneren Arme sind eingehängt, die äußeren sind in Hochhalte. Weitere zwei stehen mit waagrecht vorgebeugtem Oberkörper hinter Euch. Sie fassen die vorderen an den Hüften. Der fünfte besteigt den »Wagen«. Er steht dabei auf den Rücken der hinteren und faßt von oben die hochgehaltenen Hände der vorderen.

Er lenkt den »Wagen« zu einer Markierung. Von dieser Stelle aus versucht der »Wagenlenker«, mit einem Ball drei auf einem Sprungkasten aufgestellte Gymnastikkeulen zu treffen.

Jeder von Euch darf einmal der Wagenlenker sein und hat dabei drei Wurfversuche.

WERTUNG	**PUNKTE**
alle schaffen eine Keule	1
zwei schaffen je zwei Keulen	2
einer schafft drei Keulen	3

Zirkuslöwe

Ihr seid dressierte Löwen und sollt durch »brennende«
Reifen (Gymnastikreifen mit Kreppapierflammen!) springen. Der Sprung erfolgt in Form einer Sprungrolle auf
einer Turnmatte. Die Reifen dürfen dabei nicht berührt
werden. Wenn durch mehrere hintereinander gehaltene
Reifen gesprungen wird, müssen diese wenigstens zwei
Handbreiten voneinander Abstand haben.

Und nun Manege frei!

Wer einen Reifen geschafft hat, darf durch zwei springen;
wer zwei geschafft hat, darf es durch drei versuchen
(jeweils ein Versuch).

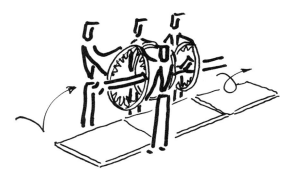

WERTUNG	PUNKTE
alle schaffen einen Reifen	**1**
drei schaffen zwei Reifen	**2**
zwei schaffen drei Reifen	**3**

FACHLITERATUR

Da es sich bei den Abenteuer-Spielstunden fast ausschließlich um neue »Kreationen« handelt, gibt es dazu auch kaum Fachliteratur. Form und Inhalte sind neu. Ich konnte daher nur einige Werke der Fachliteratur erwähnen, welche mich in meinen Gedankengängen beeinflußt haben. Im Anhang sind meine bisherigen Teilveröffentlichungen zum Thema Abenteuer-Spielstunden angeführt.

Burger E. W., **Groll** Hans, Leibeserziehung, Wien, Österreichischer Bundesverlag, 1971.

Gaulhofer Karl, **Streicher** Margarete, Natürliches Turnen, I, II, III, Wien, Verlag Jugend und Volk, 1949, 1950.

Kopp Franz, Fröhliche Volks- und Bauernspiele, Salzburg, Verlag Alfred Winter, 1978.

Kurz Dietrich, Elemente des Schulsports, Schorndorf, Hoffmann Verlag, 1977.

Mitterbauer Günther, **Schmidt** Gerhard, 300 Bewegungsspiele, Innsbruck, Steiger Verlag, 1987 (50 Beispiele für Einzelspielstationen, 15 Beispiele für Partnerspielstationen).

Schmidt Gerhard, **Redl** Sepp, Situationsgerechte Möglichkeiten zur Integration leistungsschwacher Schüler im Turnunterricht, in: Das leistungsschwache Kind im Schulsport, Schorndorf, Hoffmann Verlag, 1983.

Schmidt Gerhard, Die alternative Turnstunde in: Leibesübungen, Leibeserziehung 5, Österreichischer Bundesverlag, 1983.

Schmidt Gerhard, Mutter-Kind-Turnen, Innsbruck, Steiger Verlag, 1987 (25 Beispiele für Einzelspielstationen, 25 Beispiele für Partnerspielstationen).

Schmidt Gerhard, **Redl** Sepp (Hg.), Alternative Wettkampf-Formen in: Sport für morgen, Wien, Österreichischer Bundesverlag, 1987.

Schmidt Gerhard, Abenteuer-Spielstationen in: Sport Praxis 4, Limpert Verlag, 1986.

— Abenteuer-Spielstunden, Zweikampfstationen in: Sport Praxis 2, Limpert Verlag, 1988.

— Abenteuer-Spielstunden, Dreiergruppe in: Sport Praxis 3, Limpert Verlag, 1988.

— Abenteuer-Spielstationen, Zwei gegen zwei in: Sport Praxis 3, Limpert Verlag, 1990.

— Miteinander Sport treiben in: Leibesübungen, Leibeserziehung 3, Österreichischer Bundesverlag, 1990.

— Abenteuer-Spielstationen für Fünfergruppen in: Leibesübungen, Leibeserziehung 3, Österreichischer Bundesverlag, 1990.

*

Dank

Für das Zustandekommen des Buches ist verschiedenen Personen herzlich zu danken:

◊ Dem Verleger für das Aufgreifen der neuen Ideen und für die sorgfältige und gediegene Ausstattung (Zeichnungen, Fotos).

◊ Meiner Frau Barbara für die oft mühsame Übertragung meiner handschriftlichen Aufzeichnungen in Maschinschrift.

◊ Meinem Sohn Georg für die Texterfassung mittels EDV.

◊ Meiner Schwester Irmgard für die Redigierung der Texte.

◊ Zahlreichen Studentinnen und Studenten des Instituts für Sportwissenschaften der Universität Wien für ihre originellen und brauchbaren Spiele-Ideen.

STICHWORTVERZEICHNIS